| 김용연 지음 |

쿰란출판사

천국은 공짜다

추천사

내가 평소에 주 안에서 사랑하고 존경해온 집사님이 전도책자를 발간한다고 추천사를 부탁해왔습니다. 참 기쁘고 반가운 일입니다. 왜냐하면 평소에도 때를 얻든지 못 얻든지 전도에 전념하는 삶을 살고 있는 집사님이시기 때문입니다.

집사님은 영어학원을 운영하면서 학원 경영을 오직 복음에 초점을 맞춘 믿음의 사람입니다.

그의 삶은 '복음을 위해 태어난 사람'이라는 생각이 들 만큼 복음에 일상생활이 집중되었다고 말하는 것이 정확할 것입니다.

복음을 위한 집사님의 열정이 이 전도용 책자를 만들기에 이르렀으니 주님께서 기뻐하실 일이고, 많은 사람이 복음을 듣고 구원받게 될 것입니다. 그러기에 주 안에서 기대가 크고 집사님을 위해 더욱 기도해야겠습니다. 주님께서 기뻐하시는 복음을 위해 헌신적으로 모든 일을 해나가는 집사님께 진심으로 축하를 드립니다. 그리고 사람이 세상에서 할 수 있는 일 가운데 가장 중요한 일을 하는 것이라고 격려를 전하고 싶습니다.

 앞으로 이 전도책자가 전해질 때마다 성령의 역사하심이 함께 하셔서 많은 영혼들이 멸망하지 않고 영생하게 하는 도구로 쓰임 받도록 계속 기도하겠습니다.
 이 귀한 일에 전심하는 집사님은 정말 복된 믿음의 사람입니다.
 이 책자를 받는 모든 분들에게 하나님의 은혜가 충만하시길 기도하며 기쁘게 추천합니다.

2020년 3월
말씀기도훈련원 **최광렬** 목사

004 **추천사_** 말씀기도훈련원 최광렬 목사

1부 / 공짜(은혜)로만 갈 수 있는 천국

1. 착한 일을 많이 해도 천국 못 갑니다 _ 013
2. 아주 작은 죄만 지어도 지옥입니다 _ 016
3. 천국과 지옥이 없으면 다행인데, 있으면요? _ 018
4. 댁은 정체가 뭡니까? _ 023
5. 천국으로 이어진 유일한 길 _ 028
6. 죄와 예수님의 담판 _ 030
7. 천국은 공짜입니다 _ 033
8. 믿어야 천국 간다는데 뭘 믿어야 될까요? _ 037
9. 예수님을 구세주로 믿는 사람은 절대 지옥 못 갑니다 _ 040
10. 영생(구원)은 잃어버릴 수 없습니다 _ 043

11. 새로운 구원의 복음? _ 061
12. 모든 시간, 전 세계, 모든 죄의 용서 _ 064
13. 예수님의 피로도 못 씻는 성령 모독죄 _ 067
14. 내가 짓는 모든 죄를 책임지신 예수님 _ 072

2부 / 예수 믿는 사람들의 삶!

1. 예수님을 믿는 죄 짓는 사람? _ 078
2. 예수님은 죄인들을 찾으십니다 _ 081
3. 천국은 믿음으로! 상은 선한 행동으로! _ 084
4. 행동만큼 받는 보상 _ 086
5. 하나님 보시기에 선하게 살면 받는 복 _ 089

6. 선한 사람은 돈을 벌어도 평안합니다 _ 092

7. 돈은 하나님께서 해결하십니다 _ 095

8. 저주 받을 사람을 위해 기도해주면 복 받습니다 _ 098

9. 퍼주어도 부자가 되는 하나님의 계산법 _ 101

10. 갑절로 복 받는 순종의 사람 _ 103

11. 하나님께 복 받기에 합당한 사람은? _ 106

12. 52일 만에 꿈을 이루는 방법 _ 108

13. 아무도 알지 못하는 나의 이름을 기억하시는 하나님 _ 111

14. 하나님이 복 주시는 기준 _ 114

15. 예수님이 다시 이 땅에 오고 있습니다 _ 117

16. 바울 선생이 가르치는 섬김 _ 124

17. 하나님이 보시기에 의미 없는 봉사와 섬김 _ 126

18. 예수님은 없는 예배와 신앙 _ 129

19. 눈먼 헌금과 예배 _ 134
20. 가짜 집사요, 사기꾼입니다! _ 137
21. 짝퉁 장로들! 무늬만 장로들! _ 140
22. 누가 진짜 그리스도인가? _ 143
23. 수많은 가짜 재림주들 _ 146
24. 하나님의 시간표에 따른 종말 _ 149
25. 저주 받는 핑계, 구원 얻는 자백 _ 154
26. 열정은 성령의 열매 _ 158
27. 광야의 외침 _ 161
28. 하나님께서 주시는 복을 스스로 포기하는
　　그리스도의 제자 _ 164
29. 기독교인을 속이는 정교분리 _ 167
30. 길이 하나라면 고민하지 않습니다 _ 170

1부

공짜(은혜)로만 갈 수 있는 천국

1. 착한 일을 많이 해도 천국 못 갑니다

마태복음 19장 16절부터 22절을 보면, 착한 젊은이가 등장합니다.

이 젊은이는 예수님께 찾아가서 묻습니다.

"영생(영원한 생명)을 얻으려면 무슨 선한 일을 해야 합니까?"

예수님께서는 "선한 이는 오직 한 분이시니라!"고 대답하십니다.

하나님 외에는 선할 수 없음을 밝히시는 것이지요.

또 예수님은 "선한 일을 해서 천국 가려면 살인이나 간음, 도둑질, 그리고 거짓말도 하지 말고, 부모를 공경하며, 이웃을 자기 몸처럼 사랑하라"고 말씀하십니다.

그러자 그 젊은이는 "그 모든 것을 내가 다 지켰는데요!" 하고 대답합니다.

물론 거짓말이며 착각입니다.

내 몸처럼 이웃을 사랑할 수 있거나, 거짓말을 하지 않을 수 있는 사람이 이 세상 어디에 있겠습니까?

그래서 예수님께서 그 젊은이의 불완전한 의로움에 대한 착각을 바로 일깨워주십니다.

"네가 100% 완벽하여 천국에 가려느냐? 그러면 네가 가진 모든 재산을 팔아 가난한 자들에게 주라!"

그 말씀을 들은 젊은이가 정말로 이웃을 자기 몸처럼 사랑한다면 "예!" 하고 대답했을 것입니다. 하지만 그는 많은 재산을 내어놓을 수 없어서 근심하며 돌아갑니다.

여러분은 혹시 자신이 선하다고 생각하십니까?

온전히 선한 분은 하나님 한 분밖에 없고, 자신의 선함이 얼마나 부족한지 깨달아 알 수 있기를 기도합니다.

혹시 착한 일을 많이 하고, 나쁜 짓을 조금만 하면 어떨지 궁금하신가요?

그런 분에게 야고보서 2장 10절 말씀을 소개하고 싶습니다.

"누구든지 모든 율법을 지키다가도 하나만 못 지키면 모두 못 지킨 자가 됩니다!"

어느 누구도 하나님의 모든 법을 지킬 수는 없죠!

2. 아주 작은 죄만 지어도 지옥입니다

 야고보서 2장 10절 말씀대로 천금같이 무거운 죄나, 티끌처럼 작은 죄나 결국에는 지옥에 가는 죄가 되는 것을 아십니까? 모두 지옥행입니다!

 로마서 6장 23절에는 죄의 대가가 무엇인지 밝혀져 있습니다.

 "죄의 대가는 죽음 곧 지옥이요, 하나님이 주시는 은혜와 사랑과 자비로움의 선물은 예수님을 통한 영원한 생명 곧 천국입니다."

 주위를 둘러보세요! 죄 없는 사람이 있습니까? 그들

이 가는 곳은 지옥일 뿐입니다.

죽지 않는 영혼들이 영원히 꺼지지 않는 불속에서 끝없는 고통의 날들을 보낼 것입니다.

그러나 죄가 많은 당신에게 하나님의 초대장을 드립니다.

이사야서 1장 18절입니다. 하나님께서 말씀하십니다.

"나에게 오라! 나하고 이야기해 보자. 너의 죄가 주홍같을지라도 눈과 같이 희어질 것이요, 진홍같이 붉을지라도 양털같이 희게 되리라!"

3. 천국과 지옥이 없으면 다행인데, 있으면요?

"천국과 지옥을 누가 가 봤대? 있는지 어떻게 알아?"
이렇게 얘기하시는 당신에게 꼭 드리고 싶은 말이 있습니다.

"있으면 어떻게 되시겠습니까?"
이 말은 유명한 러시아의 소설가이며 사상가인 톨스토이의 질문입니다.

한때 마약과 술에 찌들어 죽음의 문턱까지 갔다 온

그가 자신의 질문에 대해 대답을 내어 놓습니다.

"천국과 지옥이 있다고 생각하며, 예수 믿고 살다가 죽었다고 생각해 보자! 죽었더니 천국과 지옥이 정말 있어서 천국에 간다면 이 무슨 행운이냐? 만약에 없다면, 그래서 손해 볼 것도 없지 않은가? 만약 천국이나 지옥이 없다고 생각해서 예수 안 믿고 살다가 죽은 후에, 지옥이 없으면 정말로 다행이지만 있으면 어찌 되겠는가? 손해 볼 것도 없는데 왜 안 믿는가?"

어쨌든 천국과 지옥은 있습니다.
이슬람교도, 불교도 천국과 지옥이 있다고 하지 않습니까!
왜 혼자만 없다고 우기십니까? 없으면 다행이지만 있으면 어쩌시려고요?
죽을 날이 멀었다고요?
이 세상에 오는 시간은 순서가 있었지만, 이 세상을 떠나는 시간은 순서가 없습니다.

야고보서 4장 14절에서 하나님이 말씀하십니다.
"내일 일을 너희가 알지 못하는도다. 너희 생명이 무엇이냐? 너희는 잠깐 보이다가 사라지는 안개니라!"

당신의 귀에 하나님의 이 말씀이 들렸으면 좋겠습니다.

우리는 죽을 때가 되면, 아끼던 모든 것들과 힘들게 이루어 놓은 모든 것들을 이 세상에 남겨두고 가야만 합니다. 천국이나 지옥으로 가야만 합니다!
히브리서 9장 27절은 "한 번 죽는 것은 사람에게 정해진 것이요. 그 후에는 분명히 심판이 있다"라고 밝히고 있습니다.
누가복음 16장 19-31절을 보면, 당신이 갈 천국과 지옥 이야기가 실감나게 기록되어 있습니다.

어느 마을에 하나님을 믿지 않는 부자와 하나님을 믿고 의지하는 나사로라는 거지가 한 마을에 살았다는군요. 그 부자는 명품을 즐겨 입고, 정말 좋은 집에서 엄청나게 많은 돈을 의지하고 살았습니다. 거지 나사로는 그 부자의 대문 앞에 버려진 채 몸에는 헌 상처들이 심하여, 개들이 와서 그 헌데를 핥을 정도였지요.

그 불쌍한 거지가 죽은 후 얼마 되지 않아 마찬가지로 그 부자에게도 죽음이 찾아옵니다. 그는 꺼지지 않는 지옥 불속에서 고통을 당하는 가운데 둘러보다가, 지옥 건너편 천국에 있는 자기의 조상 아브라함과 거지였던 나사로가 함께 있는 것을 보았습니다.

그는 자기 조상인 아브라함에게 애원을 합니다.
"그 거지를 나에게 보내어 그 손가락 끝에 물 한 방울만 찍어다가 내 혀를 식혀 주소서! 내가 이 불꽃 가운데서 괴롭습니다!"
이 처절한 부탁에 그의 조상은 말합니다.
"천국과 지옥은 건너갈 수도, 건너올 수도 없단다!"

그 말에 낙심한 그는 처절하게 부탁합니다.
"그러면 그 나사로를 내 집에 보내셔서 그곳에 있는 내 형제 다섯에게 예수님에 대한 천국복음을 이야기해 주세요. 죽은 자가 살아나서 찾아가면 그들이 천국과 지옥을 믿고 하나님을 믿을 것입니다."
그러자 그의 조상인 아브라함은 너무나 명백한 사람들의 심리를 증거합니다.
"성경책의 내용을 믿지 않는 사람은 비록 죽은 자 가운데서 살아난 자를 만난다고 할지라도 하나님을 믿지 않는 것이란다."

이 이야기를 들려주신 분은 예수님입니다.

예수님이 우리 모두의 과거와 현재와 미래의 모든 죄의 대가를, 십자가에서 못 박혀 죽으심으로 다 갚아주시고 천국에 들어갈 수 있도록 해놓으셨습니다.

믿지 않는 분들이 계시다면, 이 책을 다 읽기 전에 가슴속에 이 글들을 통해 들려주시는 예수님의 말씀이 느껴지고 믿어지시길 진정으로 축복하고 기도합니다.

4. 댁은 정체가 뭡니까?

 열심히 율법을 지키며, 선하게 살면 천국 간다고 믿는 모든 종교인 여러분!

 천국과 지옥을 만들어 놓고, 이 세상을 창조하셨으며, 그 창조 때부터 영원의 끝날까지 스스로 존재한다고 유일하게 말씀하시는 여호와 하나님을 믿는 기독교가 있습니다.

 그 기독교의 성부 하나님만을 믿는 유대교도 있습니다.

 또 그 성부 하나님을 대신해서 알라신을 부르며 믿는

이슬람교가 있습니다.

인간은 왜 태어나서 늙고 병들어 죽는지 궁금해 했던 가장 위대한 사상가 중 한 명인 석가모니를 왜곡시켜 놓은 오늘날의 불교도 있습니다.

아리아인이 인도를 정복한 후 '수드라'라는 노예층으로 전락한 인도 원주민을 달래주기 위해 "선하게 살면 너희들도 후세에는 브라만이나 크샤트리아 계층으로 태어날 수 있으니, 만족하며 착하게 살라"고 하면서 윤회와 업, 온갖 신을 다 붙여 만든 힌두교도 있지요.

당신에게 묻고 싶습니다.

혹시 종교가 유교인가요?
좋지요! 올바르게 사는 방법이잖아요.
그런데 선생님이 돌아가신 다음에는 어떻게 되나요? 그 다음을 준비하셔야죠!

혹시 종교가 불교신가요?
좋지요! 자기 성찰을 할 수 있잖아요.
그런데 혹시 석가모니가 천국과 지옥을 그리고 세상을 창조했고 지금도 복을 줄 수 있다고 믿으시나요? 그러면 불교가 가르치는 바를 제대로 알지 못하니 참다운 불교인이 아니십니다.

지금도 불가에서 논란이 되는 문제 중 하나는, 석가모니 부처가 80세에 죽음에 이르게 된 원인이었던 그의 제자 춘다의 마지막 공양이 '식중독을 일으킨 것인가? 아니면 독을 탄 음식이었는가?' 하는 것입니다.

두 번째 논란은 춘다가 공양한 음식은 전단수이(栓檀樹耳)라 불리는 수카라맛다바(sukaramaddava)였는데 '이 음식이 '돼지고기였는가? 아니면 돼지의 기쁨이라는 이름의 버섯이었는가?'라는 것입니다.

그 두 가지 논점은 사실 중요하지 않습니다. 위대한 사상가였던 석가모니 부처가 죽었다는 사실이 중요한 것입니다.

혹시 죽은 석가모니를 기념하려고 깎아 만든 목상이나 석상에 절하고 복을 빌면 복을 준다고 믿고 계시다면 석가모니의 뜻을 왜곡하는 것입니다. 석가모니는 천국과 지옥을 자기가 만들었다고 말한 적도 없고 자기가 신이라고 말한 적도 없습니다!

신이라는 존재를 인정하지 않는 불교 측과 신의 존재

를 인정하되 수없이 많은 신들이 있다는 다신교적 불교 측이 사상적 차이를 보입니다. 하지만 어느 쪽이든 유일신이신 하나님에 대한 지식을 갖고 있지 못할 뿐입니다. 이는 석가모니조차도 여호와 하나님을 알지 못했던 까닭입니다.

혹시 종교가 모하메트를 믿는 이슬람교이신가요?

특이하군요! 자살폭탄 테러로 천국에 갈 수 있다고 믿나요?

거 참, 예수님을 알지 못하니 죄의 대가는 어떻게 해결하고 천국에 갑니까?

선생님은 진화론을 믿는 현대인이시라구요?

그러면 원숭이가 조상이시군요! 인간과 유인원의 중간 진화를 보여주는 IQ 60, 70, 80…짜리의 불완전한 개체들로 머리만 인간이거나 혹은 상체나 하체만 인간인 단계는 다 어디에 살고 있나요?

적자생존이라고요? 그러면 침팬지, 오랑우탄 등의 적자가 아닌 것들은 다 죽었어야 되겠군요.

사실 진화론을 주장하는 사람들이 해결하지 못하는 가장 큰 문제 중의 하나가, 독립적인 종들의 연결고리를 못 찾는다는 것입니다. 하나님께서 창조하신 그대로 경이롭게도 독창적인 영역을 유지할 뿐입니다.

선생님은 무신론자시라고요?

오래전에 죽은 독일인 철학자 니체도 그랬지요!

어떻게 태어나셨나요? 부모님은요? 또 그 부모님의 부모님은요? 또 그 부모님의 부모님은 어떻게 태어나셨나요? 맨 처음의 부모님은요? 아! 단군 할아버지요? 그러면 웅녀는요?

결국엔 스스로 존재하는 신(창조주)이 있어야 풀리지 않겠습니까?

그러면 스스로 존재하는 그 존재(신)는 누구일까요?

5. 천국으로 이어진 유일한 길

요한복음 14장 6절에는 예수님께서 자신을 밝히시는 장면이 나옵니다.

"내가 바로 영생의 길이니 나를 통해서 지나가지 않으면 천국에 갈 수 없다"라고 하십니다.

이 세상의 많은 종교들이 착하고 선하게 살도록 가르칩니다. 하다못해 하나님을 믿는 사람들을 죽이고 괴롭히는 공산주의도 어려운 사람들을 도와주어야 한다고 달콤하게 말합니다.

물론 기독교도 마찬가지입니다. 그러나 분명한 것은 아무리 착해도 죄 없는 사람은 없으며, 아무리 작은 죄일지라도 그 죄로 인해 지옥으로 가는 죽음을 피할 수는 없다는 것입니다.

예수님이 아닌 다른 길들은 천국으로 가는 것과는 전혀 관계가 없습니다.

선행을 하는 것이나 자아성찰을 하기 위해 제 아무리 도를 닦고 수행을 해도 천국으로 가는 것과는 전혀 관계가 없습니다. 어떤 노력도 천국행 표와 바꿀 수는 없습니다.

천국은 죄가 완전히 없어져야만 들어갈 수 있습니다.

그리고 그 죄의 문제를 해결할 수 있는 유일한 방법은 예수님을 '우리 자신들의 죄를 대신해 완전히 갚아주신 구원자'로 인정하는 믿음밖에 없습니다.

6. 죄와 예수님의 담판

 이 세상을 창조하셨던 예수 그리스도께서 이 땅에 사람의 모습으로 오시기 전을 기원전, 즉 B.C.(Before Christ, 예수 이전)라고 부르고 계시군요.
 예수님이 이 땅에 오신 때라고 계산했던 '서기' 또는 '기원후'의 약자인 A.D.(Anno Domini)는 라틴어로 '그리스도(구원자)의 해'라는 뜻인데, 알고 사용하시나요?

 예수님을 믿든지, 믿지 않든지 인류의 역사는 하나님이 주관해 오셨으며 우리의 역사관도 예수님을 기준으로 기원전과 기원후로 나누어져 있습니다. 서기 2020년은 예수님이 오신 후 즉, 주후 2020년이 지났다고 신학자 디오니시우스 엑시구스에 의해 이름이 지어지고 사용되어 오는 표기입니다.

우리는 일요일을 주말(weekend)이라고 부르면서도 일요일을 첫날로 표시하는 이상한 달력을 사용합니다. 왜 그런지 생각해 보신 적 있나요?

태초에 하나님께서 하늘과 땅을 창조하실 때, 6일 동안 일하시고 마지막 날인 토요일에 휴식하셨답니다. 이렇게 믿든지 혹은 믿지 않든지 간에, 당신은 일요일이 첫날인 그 이상한 달력들을 사용합니다.

어쨌든 기원전에 선택받은 민족이었던 이스라엘은 죄를 지었을 때, 짐승을 잡아 제사를 지냄으로 죄를 용서받았습니다. 아마 나 같은 사람이라면 날마다 제사를 지내야 될 정도지만요!

히브리서 9장 26절과 28절에서, 예수님이 오신 목적은 "짐승 대신 자기를 한 번의 제사로 드려 죄를 없게 하시려고 오셨다"라고 밝히고 있습니다. 모든 사람들의 죄를 용서하는 데 여러 번 제사 지낼 필요 없이 한 번에 끝내

셨다고 밝히는 말씀입니다. 과거와 현재의 죄뿐만 아니라, 미래의 죄까지도 다 갚으셨다는 것입니다.

히브리서 10장 17절에서, 모든 죄를 용서하시는 하나님께서 "내가 너의 죄와 불법을 다시는 기억하지 아니하리라!"고 말씀하십니다. "다시는 기억하지 아니하리라!"고 말입니다.
"다시는 기억하지 아니하리라!"

7. 천국은 공짜입니다
–천국 가려고 착한 일을 하시는 당신, 천국 절대 못 갑니다

천국은 어떤 일을 하거나, 또는 무엇인가를 주고서 얻는 곳이 전혀 아닙니다.

수많은 종교인들 혹은 교회에 출석하는 사람들조차도 천국에 가기 위해 무척이나 노력합니다. 헌금을 열심히 내고도 예배시간에 빠지면 혹시 천국에 못 갈까 봐 불안해하죠. 불안할 땐 기도하고, 그렇게 뜨겁게 기도하고 찬송할 땐 성령이 충만한 것이라고 생각되어 그때 주님이 오시면 천국에 갈 수 있을 것처럼 확신이 생기죠!

교회 안팎에서 뭔가 해야만 천국 갈 것 같은 불안함

이 마음을 괴롭게 합니다.

그것은 다 사탄, 마귀가 사람들의 영혼(Soul)에게 거짓말하기 때문입니다.

자기도 하나님처럼 영광을 받겠다고 하나님께 맞서다가 천국에서 이 땅으로 쫓겨 내려올 때 천사의 삼분의 일이 따라와서 귀신들이 되었다고 하지요!

믿음을 갖지 못하도록 만드는 사악한 존재는 바로 루시퍼라는 마귀와 그를 추종하는 귀신들입니다.

교황 율리우스 2세는 로마에 성 베드로 성당을 신축하던 1506년에 부족한 재정을 조달하기 위해 면죄부를 발행하면서, 돈을 내면 죄를 용서해준다는 면죄부를 팔았다고 하지요.

지금도 자신이 새롭게 말하는 교리나 자신이 재림주라는 사실을 믿어야 한다는 따위의 거짓말을 하는 사람은 예외 없이 이단이며 하나님의 저주를 피할 수 없습니다. 물론 그가 다시 살아난 바울이라도, 하늘에서 온 천사라도 예외는 없습니다.

"다른 복음은 없나니 다만 어떤 사람들이 너희를 교란하여 그리스도의 복음을 변하게 하려 함이라 그러나 우리나 혹은 하늘로부터 온 천사라도 우리가 너희에게 전한 복음 외에 다른 복음을 전하면 저주를 받을지어다" (갈라디아서 1장 7-8절).

에베소서 2장 8-9절에, "믿음으로 말미암아 죄로부터 구원을 받고 이 구원은 공짜로 얻는 하나님의 선물이며 뭔가를 해서 얻는 것이 아니니 자랑할 수 없다"라고 쓰여 있지 않습니까? 공짜라니까 더 안 믿어지시나요?

요한복음 5장 24절에서 "나 보내신 분을 믿는 자는 영생(천국/영원한 생명/구원)을 이미 얻었고, 심판도 받지 않으니, 사망에서 생명으로 옮겨졌다"라고 말씀하시는 예수님의 목소리가 들리십니까?

로마서 3장 20절에는 "율법의 행위로 하나님 앞에서 의롭다고 인정받을 육체가 없다"라고 명확하게 말씀하고 있지요. 24절에는 "은혜로 값없이 의롭다고 인정받는다"라고 밝히면서 28절에서는 결론으로 "사람이 의롭다고 인정받는 것은 율법의 행위로 되지 않고 믿음으로 된다"

라고 기록하고 있습니다.

 뭔가를 하는 것과 천국 가는 것은 전혀 관련이 없다는 것입니다.
 천국은 오직 믿음으로만 가는 곳입니다!

8. 믿어야 천국 간다는데 뭘 믿어야 될까요?

이것만 믿으면 됩니다!

죄의 대가는 지옥이며, 죄 한 개나 만 개나 그 대가는 똑같이 지옥입니다.

그러나 죄 없는 예수님이 약 2000년 전에 십자가 위에서 죽으심으로 모든 인류가 타고난 죄와 지은 죄는 물론, 앞으로 지을 죄까지도 100% 갚았으니 나의 모든 죄를 용서받았다는 사실입니다. 그리고 이 사실을 믿는 순간부터 누구에게나 천국이 보장됩니다.

그다음은 꼭 해야 되는 것은 아니지만 이렇게 기도해도 좋겠지요.

> ① 죄인임을 고백하기!
> "하나님, 저는 죄인입니다."
> ② 예수님을 구세주로 고백하기!
> "저의 모든 죄를 대신해서 죽으신 것을 믿습니다. 그래서 천국에 갈 수 있음을 믿습니다."
> ③ 예수님을 영접하기!
> "영이신 예수님이 제 안에 오셔서 저와 함께 살아가기를 원합니다. 제 안에 오셔서 예수님의 뜻대로 살게 도와주세요."
> ④ 기도 마치기!
> "예수님의 이름으로 기도드립니다."

사실은 하나님 보시기에 이런 기도가 필요한 것은 아닙니다.

예수님이 자신의 모든 죄를 대신해서 죽으심으로 죗값을 모두 갚으셨기 때문에 천국에 갈 수 있다고 믿는 그 순간에 거듭난 성도, 영생을 얻은 구원받은 사람이 되기 때문입니다.

예수님을 완전한 구원자로 믿는 분들은 하나님의 자녀가 되셨습니다. 요한복음 1장 12절에 기록된 대로 "영접하는 자 곧 그 이름을 믿는 자들에게는 하나님의 자녀가 되는 권세를 주셨다"라고 했습니다.

9. 예수님을 구세주로 믿는 사람은 절대 지옥 못 갑니다

요한복음 5장 24절에 예수님께서 "진실로 정말 진실로 너희에게 말하는데, 나 보내신 성부 하나님의 약속을 믿는 자는 영원한 생명을 얻었고 지옥으로 가는 심판을 받지 않으니 사망에서 생명으로 옮긴 것이다"라고 말씀하셨습니다.

로마서 6장 23절에서는 "죄의 대가는 사망(지옥)이요, 하나님의 은사는 구세주 예수님이신 우리 주님 안에 있는 영원한 생명이다"라고 기록되어 있습니다.

예수님을 모든 죄의 대가로부터 구원해 줄 분이라고 믿는 순간에 천국 백성이 되고 영생을 얻었습니다. 얻었다 잃어버리거나, 주었다가 마음에 들지 않는다고 빼앗기는 일시적인 선물이 아닌 '영원한 생명'을 이미 얻었으니 절대 잃어버릴 수 없습니다.

로마서 8장 33절부터 39절까지 "의롭다고 하신 이는 절대주, 창조주이신 하나님이시니 그 어떤 것도, 어느 누구도 하나님의 사랑에서 끊을 수 없다"라고 증거하면서 확신을 주고 있습니다.

살다 보면 누구라도 원하지 않는 죄를 지을 수 있습니다.
그때마다 양심 속에서 사탄, 마귀가 속삭일 것입니다.
"죄 짓는 네가 천국 갈 수 있겠니?"

흔들리든 흔들리지 않든 천국으로 가겠지만, 흔들리지 마세요!
양심 속의 사탄에게 말하세요!
"그 미혹의 입을 다물라!"

그래도 그렇지, 예수님을 구세주로 믿은 후에 살인, 강간, 강도 등의 큰 죄를 짓는 사람들도 천국에 갈 수 있을까요? 당연합니다.

그렇지 않다면 영생(eternal life, 영원한 생명)이라고 표현하면 안 되지요!

거짓말하지 못하시는 하나님을 기억하세요!
당신의 과거와 현재와 미래의 모든 죄를 "다시는 기억하지 않겠다"라고 약속하신 히브리서 10장 17절의 말씀을 잊지 마세요.

10. 영생(구원)은 잃어버릴 수 없습니다

영생(구원)은 잃어버릴 수 없습니다.

구원을 잃어버릴 수 있다고 떠들면서 미혹하는 입도, 자칭 하나님 혹은 성령 또는 재림주라고 떠들어 대며 미혹하는 마귀의 입만큼이나 무서운 미혹의 입임에 분명합니다.

적지 않은 분들이 잃어버릴 수 없다는 하나님의 수없이 거듭되고 명확히 제시된 구원에 대한 말씀을 떠납니다. 그들은 올바른 지식이 없어 문맥을 이해하지 못하는 어떤 추측에 근거한 말씀을 제시하며, "이 말씀으로 미루어 보건데!"라고 하면서 뱀같이 말하려고 애씁니다.

> **Q** 주님은 죄로부터의 자유와 구원의 확신을 주시는데, 왜 그럴까요? 누가 거짓말을 하고 누가 의심을 주고 불안을 주나요?
>
> **A** 간교한 사탄의 쉼 없는 술책입니다.

"너희는 너희 아비 마귀에게서 났으니 너희 아비의 욕심대로 너희도 행하고자 하느니라 그는 처음부터 살인한 자요 진리가 그 속에 없으므로 진리에 서지 못하고 거짓을 말할 때마다 제 것으로 말하나니 이는 그가 거짓말쟁이요 거짓의 아비가 되었음이라"(요한복음 8장 44절).

> **Q** 영생이란 무엇인가요?
>
> **A** 참 하나님이 보내신 참 예수를 믿어 의지한 결과입니다.

(그러나 요즘 살아서 우리 사이에 걸어 다니는 거짓 예수나 자칭 예수를 구세주로 믿는 믿음에는 영생이 존재할 수 없습니다. 많은 사람들이 그에게 속아서 구원할 자로 아무리 절실하게 믿어도 그가 그리스도가 될 수는 없기 때문입니다. 정신병원에 입원한 환자들이 스스로를 의사라고 말하고 의사 흉내를 내더라도, 그는 결단코 의사가 될 수 없는 것과 같습니다.)

"하나님이 세상을 이처럼 사랑하사 독생자를 주셨으니 이는 그를 믿는 자마다 멸망하지 않고 영생을 얻게 하려 하심이라"(요한복음 3장 16절).

"이는 그를 믿는 자마다 영생을 얻게 하려 하심이니라" (요한복음 3장 15절).

"아들을 믿는 자에게는 영생이 있고 아들에게 순종하지 아니하는 자는 영생을 보지 못하고 도리어 하나님의 진노가 그 위에 머물러 있느니라"(요한복음 3장 36절).

"영생은 곧 유일하신 참 하나님과 그가 보내신 자 예수 그리스도를 아는 것이니이다"(요한복음 17장 3절).

"이 예수는 너희 건축자들의 버린 돌로서 집 모퉁이의 머릿돌이 되었느니라 다른 이로써는 구원을 받을 수 없나니 천하 사람 중에 구원을 받을 만한 다른 이름을 우리에게 주신 일이 없음이라 하였더라"(사도행전 4장 11-12절).

 어떻게 하여야 영생을 얻을까요?

 할 수 있는 것이 없습니다. 믿음이 영생을 얻는 유일한 길이지요.

"율법 안에서 의롭다 함을 얻으려 하는 너희는 그리스도(당신을 구원할 분)에게서 끊어지고 은혜에서 떨어진 자로다"(갈라디아서 5장 4절).

"오직 이것을 기록함은 너희로 예수께서 하나님의 아들 그리스도(당신을 구원할 분)이심을 믿게 하려 함이요 또 너희로 믿고 그 이름을 힘입어 생명을 얻게 하려 함이니라"(요한복음 20장 31절).

믿음이 아닌 선한 일로 천국 가는 것이 아니지요.

(아래의 질문들은 모두 잘못된 것들입니다.)

"어떤 율법교사가 일어나 예수님을 시험하여 이르되 선생님 내가 무엇을 하여야 영생을 얻으리이까?"(누가복음 10장 25절)

"어떤 관리가 물어 이르되 선한 선생님이여 내가 무엇을 하여야 영생을 얻으리이까?"(누가복음 18장 18절).

"어떤 사람이 주께 와서 이르되 선생님이여 내가 무슨 선한 일을 하여야 영생을 얻으리이까?"(마태복음 19장 16절).

예수님이 주시는 정답은 하나입니다.

"예수께서 대답하여 이르시되 하나님께서 보내신 이를 믿는 것이 하나님의 일이니라 하시니"(요한복음 6장 29절).

> **A** 하나님께서 정하신 천국에 가기 위해 해야 할 일은 오직 예수님을 믿는 것뿐이라는 대답입니다. 앞절인 요한복음 6장 28절에 있는 "우리가 어떻게 하여야 하나님의 일을 하오리이까?"에 대한 대답입니다.

"낙타가 바늘귀로 들어가는 것이 (나를 유일한 구세주로 믿지 않는) 부자가 하나님의 나라에 들어가는 것보다 쉬우니라 하시니"(마태복음 19장 24절).

"제자들이 듣고 몹시 놀라 이르되 그렇다면 누가 구원을 얻을 수 있으리이까 예수께서 그들을 보시며 이르시되 사람으로는 할 수 없으나 하나님으로서는 다 하실 수 있느니라"(마태복음 19장 25-26절).

> **A** 천국 가는 구원의 길이 행위로는 불가능하지만, 하나님은 다 가능하게 만들어 놓으셨습니다. 바로 예수님이 자신의 모든 죄를 대신해서 십자가에 죽으시고 죄와 사망의

> 권세를 이기시며 다시 부활하심으로 용서받았으니 당신은 천국 가기에 합당하게 깨끗해졌다고 믿기만 하면 됩니다.

"나더러 주여 주여 하는 자마다 다 천국에 들어갈 것이 아니요 다만 하늘에 계신 내 아버지의 뜻대로 행하는 자라야 들어가리라 그날에 많은 사람이 나더러 이르되 주여 주여 우리가 주의 이름으로 선지자 노릇 하며 주의 이름으로 귀신을 쫓아내며 주의 이름으로 많은 권능을 행하지 아니하였나이까? 하리니 그때에 내가 그들에게 밝히 말하되 내가 너희를 도무지 알지 못하니 불법을 행하는 자들아 내게서 떠나가라 하리라"(마태복음 7장 21-23절).

 예수님께서는 주님의 이름으로 예언하고 귀신을 쫓아내며 병을 고치고 많은 기적을 행하는 사람들을 왜 모른다고 하실까요? 그리고 그들이 예수님의 이름으로 했던 일들을 왜 불법이라고 하실까요?

> 🅰 천국에 가기 위해, 구원받기 위해 100% 예수님께 의지하지 않고, 자신이 해놓은 행위가 구원에 도움이 될 것으로 믿고, 자신의 행위에 의지했기 때문입니다.

> 🅰 "주의 이름으로 한 일이 많은데 왜 천국에 안 받아 주냐?"라고 따지는 이 사람들은 자신들의 행위가 천국으로 가는 요소가 된다는 믿음을 가지고 있음을 보여줍니다. 그리고 예수님은 이러한 행위를 통해 천국에 가려는 것이 불법이라고 단호하게 말씀하십니다.

"예수께서 이르시되 내가 곧 길이요 진리요 생명이니 나로 말미암지 않고는 아버지께로 올 자가 없느니라"(요한복음 14장 6절).

"내가 증언하노니 그들이 하나님께 열심이 있으나 올바른 지식을 따른 것이 아니니라 하나님의 의를 모르고 자기 의를 세우려고 힘써 하나님의 의에 복종하지 아니하였느니라"(로마서 10장 2-3절).

 하나님께서 원하시는 의(의로움)는 무엇인가요?

 예수님을 믿는 자마다 영생을 얻는 것입니다.

"내 아버지의 뜻은 아들을 보고 믿는 자마다 영생을 얻는 이것이니 마지막 날에 내가 이를 다시 살리리라 하시니라"(요한복음 6장 40절).

"나는 하늘에서 내려온 살아 있는 떡이니 사람이 이 떡을 먹으면 영생하리라 내가 줄 떡은 곧 세상의 생명을 위한 내 살이니라 하시니라"(요한복음 6장 51절).

 얼마나 의로워야 의인이 되고 영생에 들어갈까요?
　　(몇 %를 믿어야 영생을 얻을까요?)

 **100%입니다.**

"누구든지 온 율법을 지키다가 그 하나를 범하면 모두 범한 자가 되나니"(야고보서 2장 10절).

"그러므로 율법의 행위로 그의 앞에 의롭다 하심을 얻을 육체가 없나니 율법으로는 죄를 깨달음이니라"(로마서 3장 20절).

"죄의 삯은 사망이요 하나님의 은사는 그리스도 예수 우리 주 안에 있는 영생이니라"(로마서 6장 23절).

> **죄 없는 사람은 없는데 어떻게 의로울 수 있나요?**
>
> **A** 예수님이 당신의 모든 죄를 갚아주신 분임을 믿으면 하나님은 그 사람을 의롭다고 인정해주십니다!

"…예수 믿는 자를 의롭다 하려 하심이라"(로마서 3장 26절).

"일을 아니할지라도 경건하지 아니한 자를 의롭다 하시

는 이를 믿는 자에게는 그의 믿음을 의로 여기시나니"
(로마서 4장 5절).

 아래와 같은 표현이 성경에 없는 이유는 무엇일까요?

영생 얻는 구원은, 한 번 얻으면 잃어버릴 수 없기 때문입니다.

☞ 성경에 없는 말: "영생 얻은 자도 잃을 수 있으리라"는 말씀은 성경에 없습니다.

☞ 성경에 없는 말: "영생 얻은 자도 때로는 잃고, 또 회개하면 다시 얻고, 죄 지으면 잃으리라"는 말씀은 성경에 없습니다.

"이 뜻을 따라 예수 그리스도의 몸을 단번에 드리심으로 말미암아 우리가 거룩함을 얻었노라"(히브리서 10장 10절).

"그가 거룩하게 된 자들을 한 번의 제사로 영원히 온전하게 하셨느니라"(히브리서 10장 14절).

"그들의 죄와 그들의 불법을 내가 다시 기억하지 아니하리라"(히브리서 10장 17절).

"이것들을 사하셨은즉 다시 죄를 위하여 제사 드릴 것이 없느니라"(히브리서 10장 18절).

> **Q 아래와 같은 표현들의 의미는 무엇일까요?**
>
> **A** 예수님께서 내 과거와 현재, 그리고 미래의 죄를 대신해서 갚았다고 믿는 순간부터 잃어버릴 수 없는 구원의 소유권자가 되었다는 것입니다.

"진실로 진실로 너희에게 이르노니 믿는 자는 영생을 가졌나니"(요한복음 6장 47절).

- '이미 소유 중'이라는 표현입니다.

"내가 진실로 진실로 너희에게 이르노니 내 말을 듣고 또 나 보내신 이를 믿는 자는 영생을 얻었고 심판에 이르지 아니하나니 사망에서 생명으로 옮겼느니라"(요한복음 5장 24절)

― 이미 구원을 소유했으니 더 이상 구원에 대한 심판은 없습니다.

 선행과 구원이 상관없다면 선행은 무의미한가요?

천국으로 가는 구원은 100% 예수님이 이루어 놓으신 죄 용서의 사역을 통해 이미 완성되었습니다. 그렇기 때문에 예수님 때문에 천국에 간다는 믿음으로만 구원을 얻게 됩니다. 하지만 천국에 가는 신앙인들도 선한 행위로 쌓아놓은 공적(work, 행위)에 따라 다른 위치에 서게 됩니다.

"심는 이와 물 주는 이는 한 가지이나 각각 자기가 일한 대로 자기의 상을 받으리라"(고린도전서 3장 8절).

"만일 누구든지 금이나 은이나 보석이나 나무나 풀이나 짚으로 이 터 위에 세우면 각 사람의 공적이 나타날 터인데 그날이 공적을 밝히리니 이는 불로 나타내고 그 불이 각 사람의 공적이 어떠한 것을 시험할 것임이라 만일 누구든지 그 위에 세운 공적이 그대로 있으면 상을 받고 누구든지 그 공적이 불타면 해를 받으리니 그러나 자신은 구원을 받되 불 가운데서 받은 것 같으리라"(고린도전서 3장 12-15절).

 사탄은 구원을 몇 %나 빼앗을 수 있나요?

0%입니다.

"시몬아, 시몬아, 보라 사탄이 너희를 밀 까부르듯 하려고 요구하였으나"(누가복음 22장 31절).

- 요구를 한다는 것이지 믿는 사람들을 빼앗아 간다는 표현이 아닙니다.

Q 장로나 권사와 집사들도, 혹은 목사들도 이단에 빠지는 것은 왜 그럴까요?

A 기성교회에서 이단으로 끌려가는 목회자들이나 장로, 권사, 집사들이 있다면 그들은 구원받지 못한 사람들이었다는 사실을 알아야 합니다. 열심은 있었으나 구원의 확신이 없었거나, 영적으로 미숙하고 어린 사람들이었습니다. 구원받은 사람의 영은 예수님과 참되신 하나님의 음성을 알고 따르게 되어 있습니다.

"너희가 내 양이 아니므로 믿지 아니하는도다 내 양은 내 음성을 들으며 나는 그들을 알며 그들은 나를 따르느니라"(요한복음 10장 26-27절)

"자기 양을 다 내놓은 후에 앞서 가면 양들이 그의 음성을 아는 고로 따라오되 타인의 음성은 알지 못하는 고로 타인을 따르지 아니하고 도리어 도망하느니라"(요한복음 10장 4-5절).

"내가 그들에게 영생을 주노니 영원히 멸망하지 아니할 것이요 또 그들을 내 손에서 빼앗을 자가 없느니라"(요한복음 10장 28절).

> 우는 사자 같은 마귀가 구원을 빼앗을 수 있나요?
>
> 불가능합니다. 오히려 하나님께서 친히 온전하게 해주시고 굳건하게 해주시며 강하게 해주시며 터를 견고하게 해주시지요!

"근신하라 깨어라 너희 대적 마귀가 우는 사자 같이 두루 다니며 삼킬 자를 찾나니 너희는 믿음을 굳건하게 하여 그를 대적하라 이는 세상에 있는 너희 형제들도 동일한 고난을 당하는 줄을 앎이라 모든 은혜의 하나님 곧 그리스도 안에서 너희를 부르사 자기의 영원한 영광에 들어가게 하신 이가 잠깐 고난을 당한 너희를 친히 온전하게 하시며 굳건하게 하시며 강하게 하시며 터를 견고하게 하시리라"(베드로전서 5장 8-10절).

"내가 그들에게 영생을 주노니 영원히 멸망하지 아니할

것이요 또 그들을 내 손에서 빼앗을 자가 없느니라 그들을 주신 내 아버지는 만물보다 크시매 아무도 아버지 손에서 빼앗을 수 없느니라"(요한복음 10장 28-29절).

A 사탄은 구원을 빼앗지 못합니다.

"누가 우리를 그리스도의 사랑에서 끊으리요 환난이나 곤고나 박해나 기근이나 적신이나 위험이나 칼이랴 기록된 바 우리가 종일 주를 위하여 죽임을 당하게 되며 도살 당할 양 같이 여김을 받았나이다 함과 같으니라 그러나 이 모든 일에 우리를 사랑하시는 이로 말미암아 우리가 넉넉히 이기느니라 내가 확신하노니 사망이나 생명이나 천사들이나 권세자들이나 현재 일이나 장래 일이나 능력이나 높음이나 깊음이나 다른 어떤 피조물이라도 우리를 우리 주 그리스도 예수 안에 있는 하나님의 사랑에서 끊을 수 없으리라"(로마서 8장 35-39절).

Q 사탄도 피조물인가요?

A 예!! 당연합니다.

예수 그리스도께서 이루어 놓으신 구원은 결단코 빼앗아 갈 자도 없고, 실상은 내가 이룬 것이 아니니 잃어버리지도 못합니다. 하나님의 소유인 우리의 구원은 그리스도의 사랑에서 끊어지지 않습니다.

마음 놓고 감사만 하며 고민합시다!

"내게 주신 모든 은혜를 내가 여호와께 무엇으로 보답할까?"(시편 116편 12절)

11. 새로운 구원의 복음?

갈라디아서 1장 8절 말씀입니다.

"우리나 혹은 하늘로부터 온 천사라도 우리가 너희에게 전한 복음 외에 다른 복음을 전하면 저주를 받을지어다."

갈라디아서는 바울 선생의 제3차 전도 여행 중인 적어도 주후(AD) 56년 이전에 기록된 것으로 공통된 의견이 모아집니다.

갈라디아서에서 가장 중요한 내용 중 하나는, 이미 구원의 복음이 완성되었다는 것입니다.

"우리의 죄가 우리를 지옥으로 던져 넣으려고 해도 이미 우리의 과거와 현재와 미래의 모든 죗값을 예수님께서 다 갚아 주셨음을 믿는 사람이라면, 천국에 들어갈 수밖에 없다"는 복음이 완성되었다는 것입니다.

갈라디아서에서 바울이 밝히는 것처럼, 천국에 가는 유일한 길인 예수 그리스도의 복음이 완성되었고 이와 다른 거짓 복음들은 저주받을 사탄의 속임수입니다. 그가 바울이라도, 혹은 다른 사도나 천사라 할지라도 저주를 받는다는 사실입니다.

요즘 선한 모습으로 다가와서 뱀같이 속삭이는 거짓 재림 예수들과 거짓 보혜사, 거짓 예수와 거짓 신들이 기독교를 가장하고 우리 주위를 서성거립니다. 주위 사람들에게 선한 일을 하고, 선한 모습으로 자신의 선한 행동을 자랑하면서 다가옵니다. 그들의 하수인은 목사라는 이름과 전도사라는 이름으로 다가옵니다.

구원받지 못한 혼을 죽음으로 끌고 가는 그들의 가

중한 실제 얼굴을 분별할 수 있는 지혜가 필요한 때입니다. 참 그리스도인들은 미혹을 받고 지옥으로 끌려가는 세상을 깨우는 소금과 빛이 될 수 있어야겠습니다.

> "예수께서 이르시되 너희가 사람의 미혹을 받지 않도록 주의하라 많은 사람이 내 이름으로 와서 이르되 내가 그라 하여 많은 사람을 미혹하리라"(마가복음 13장 5-6절).

12. 모든 시간, 전 세계, 모든 죄의 용서

많은 이단들이 예수님의 이름으로 나타나서 "예수님의 죄 용서의 때는 지났으며, 이 시대에는 새로운 대표자이며 사명자인 '자신들의 교주 하나님'을 믿어야만 죄 용서를 받고 천국에 갈 수 있다"라고 거짓말을 합니다.

그러나 성경은 분명하게 "예수님의 피로만 온 세상의 죄가 사하심을 얻을 수 있다"라고 밝히고 있습니다.

"…만일 누가 죄를 범하여도 아버지 앞에서 우리에게 대언자가 있으니 곧 의로우신 예수 그리스도시라 그는 우리 죄를 위한 화목제물이니 우리만 위할 뿐 아니요 온 세상의 죄를 위하심이라"(요한일서 2장 1-2절).

히브리서 10장 10절에서 "모두를 위한, 한 번의, 예수 그리스도의 몸의 제사를 드리심으로 말미암아 우리가 거룩함을 얻었다"라고 밝히고 있습니다.

12절은 그리스도의 희생은 '죄에 대해 한 번에 드리는 영원한 제사'라고 밝힘으로써 과거와 현재는 물론 미래의 모든 죄의 용서를 가능하게 하는 완전한 제물로서의 희생이었음을 증언합니다.

14절도 예수의 피로 거룩하게 되는 사람들이 일시적인 거룩함이 아니라 '한 번의 제사로 영원히 완전하게 거룩해짐'을 밝히고 있습니다.

그래서 "더 이상 죄를 위한 제사가 없다"라는 18절 말씀으로 완벽한 예수님의 속죄 제사에 대한 결론이 내려집니다. 만약 죄 용서를 위해 뭔가를 해야 된다고 주장하는 목소리가 있다면 이는 마귀의 목소리이며 우리를 미혹하여 예수님을 완전하게 믿고 의지하지 못하게 하려는 속임수입니다.

"우리나 혹은 하늘로부터 온 천사라도 우리가 너희에게 전한 복음 외에 다른 복음을 전하면 저주를 받을지어다"(갈라디아서 1장 8절).

13. 예수님의 피로도 못 씻는 성령 모독죄

바로 이전의 번역으로는 성령 훼방죄이며, 현재의 성경에선 성령 모독죄로 밝히고 있는 이 죄에 대해 어떤 이들은 예수님의 핏값으로도 씻을 수 없는 죄라고 말합니다.

100% 맞는 말입니다. 그러나 유일하게 용서받지 못하는 그 성령 모독죄가 정확하게 어떤 죄인지를 알고 있는 분들이 많지 않습니다.

그래서 혹시나 주님을 욕하거나 모독하면서 불경스러

운 말을 한 경험이 있다면, "이 세상과 오는 세상에서도 사하심을 얻지 못하리라"(마태복음 12장 32절)는 말씀을 떠올리며 불안해합니다. 또는 그런 실수를 했던 사람들이 영생(천국 가는 구원, 영원히 유효한 구원)을 잃어버린 것처럼, 혹은 구원의 기회를 영원히 잃어버린 것처럼 착각하도록 얘기합니다.

결론부터 말씀드리면, 성령 모독죄(성령 훼방죄)는 예수님이 유일한 죄 사함(죄 용서)의 구세주(그리스도, 구원자)이심을 믿지 않는 죄입니다.

바울 사도도 디모데전서 1장 13절에서 "내가 전에는 비방자(blasphemer)요, 박해자요, 폭행자였으나"라고 밝힙니다. 그는 자신이 비방자(blasphemer), 곧 '성령을 모독하는 자'였다고 밝힙니다.

물론 성령 모독죄인 불신의 죄를 가진 사람이 예수님이 십자가 위에서 흘리신 영원한 죄 용서의 피가 믿어져서 예수님 때문에 천국 갈 수 있다고 믿게 된다면, 그는 믿음의 사람이 되었기에 "이 세상과 오는 세상에서도 사하심을 얻지 못하리라"(마태복음 12장 32절)는 죄와 사망의 법이 완전히 무효가 됩니다.

예수님의 죄 용서의 피가 100% 완전한 속죄의 피임을 믿는 그 사람은 이제 새로운 법, 곧 '생명의 성령의 법'에 의해 적용됩니다.

> "그러므로 이제 그리스도 예수 안에 있는 자에게는 결코 정죄함이 없나니 이는 그리스도 예수 안에 있는 생명의 성령의 법이 죄와 사망의 법에서 너를 해방하였음이라"(로마서 8장 1-2절).

귀신이 들려 눈이 멀고 말을 못하는 사람을 고쳐주시는 예수님(마태복음 12장 22절)은 인류의 죄를 용서하시기 위해 오시기로 약속된 그리스도였습니다.
이런 예수님을 보고 사람들은 "다윗의 씨로 오시기로 한 그리스도가 아니신가?" 하고 놀라며 말합니다(마태복음 12장 23절).
그러나 바리새인들은 이렇게 귀신 들려 병든 자를 고치시는 예수님의 죄 용서 사역(마태복음 9장 2절)을 믿지 않으며, 예수님을 '오시기로 한 메시아'(구원자)라고 믿지 않고 오히려 '마귀의 세력'으로 치부합니다(마태복음 12장 24절).

중풍병자의 병을 고치시고 죄를 사하시는 예수님에

대하여 "어떤 서기관들이 속으로 이르되 이 사람이 신성을 모독한다"(마태복음 9장 3절)라고 불신의 말을 할 때 메시아(인류의 구원자)로서의 신분을 믿지 않는 그들에게 예수님께서는 "너희가 어찌하여 마음에 악한 생각을 하느냐?"(마태복음 9장 4절)라고 반문하십니다.

이 말씀 속에는 하나님이 정하신 선과 악의 기준이 명확하게 제시되어 있습니다. 예수님이 그리스도 되심을 믿지 않는 것은 유일하게 용서받지 못하는 가장 큰 악입니다.

예수님은 자신이 그리스도로서 사역하는 것임을 밝히고 계십니다. 마태복음 12장의 25절부터 30절까지를 근거로 하여, 31절에서는 '그러므로'라고 시작하시며 결론을 명백하게 밝히십니다.

예수님을 구세주로 믿으면 죄를 용서받는 자격을 갖게 되어 그가 행하는 '사람에 대한 모든 죄와 모독'은 사하심을 얻게 되지만, "예수님을 믿지 않는 사람은 성령님의 죄 용서의 사역을 모독(불신)하는 것이기 때문에 사하심을 얻지 못한다"라는 것입니다(마태복음 12장 31절).

같은 말씀을 한 번 더 강조해서 반복하면서 확증하십니다.

"누구든지 말로 인자(사람으로서의 예수님)를 거역하면 사하심을 얻되 누구든지 말로 성령(하나님의 사역을 하시는 그리스도)을 거역(불신)하면 이 세상과 오는 세상에서도 사하심을 얻지 못하리라"(마태복음 12장 32절).

사람의 모습으로 오신 예수님이시지만, 동시에 성령께서 밝히시고 증언하시는 그리스도의 사역을 하시는 하나님으로서의 예수님은 같은 분이십니다.

죄 용서의 사역을 하시는 예수님의 메시아 신분을 믿지 않는 사람은, 성령을 거역하는 사람이며 이 세상과 오는 세상에서도 사하심을 얻지 못하는 것입니다(마태복음 12장 32절).

많은 분들이 오해하고 있는 이 본문은 "예수님을 죄 용서의 권한을 가지신 하나님으로 믿는가? 혹은 단순한 사람으로 여기는가?"와 그에 대한 결과로써 "죄 사함을 받느냐, 못 받느냐?"에 대한 말씀입니다.

14. 내가 짓는 모든 죄를 책임지신 예수님

　로마서 7장에서 사도 바울은 자기가 죄를 짓는 것에 대해 무척이나 괴로워합니다.
　그래서 24절에서 자기는 곤고한[비참한, 불쌍한(wretched)] 사람이라고 자신을 혹평합니다. 그러나 17절에서 그가 고백하는 해괴망측한 변명을 볼 수 있습니다.
　"내가 죄를 짓는 것은 사실 내가 짓는 것이 아니고 죄가 짓는 것이다"라며 죄로부터 자신의 분리를 역설합니다.

그리고 로마서 8장 1절에서는 그에 대한 결과를 말해 줍니다.

"그러므로 이제 그리스도 예수 안에 있는 자에게는 결코 정죄함이 없나니."

자신을 포함해서 예수님께서 천국에 갈 수 있도록 해주신 분, 즉 그리스도(구세주)라고 믿는 사람들에게는 정죄함(죄가 있다고 함)이 있을 수 없다고 말하는 것입니다.

이것은 죄를 지어도 죄로 인정되지 않는 완전한 면책특권을 말합니다. 그리고 로마서 8장 2절에서 그 완전한 면책특권의 근거를 제시하고 있습니다.

"이는 그리스도(구원자 되신) 예수 안에 있는 생명의 성령의 법이 죄와 사망의 법에서 너를 해방하였음이라."

성경을 읽을 때, 구원받았다고 확신하던 분들도 불안해질 때가 있습니다.

"…형제를 대하여 라가라 (욕)하는 자는 공회에 잡혀가게 되고 미련한 놈이라 하는 자는 지옥 불에 들어가게 되리라"(마태복음 5장 22절).

"네 발이 너를 범죄하게 하거든 찍어버리라 다리 저는 자로 영생에 들어가는 것이 두 발을 가지고 지옥에 던져지는 것보다 나으니라"(마가복음 9장 45절).

"(한 달란트의 재능과 능력을 받아놓고 해놓은 것이 없는) 이 무익한 종을 바깥 어두운 데로 내쫓으라 거기서 슬피 울며 이를 갈리라"(마태복음 25장 30절).

이상의 말씀들과 같은 죄의 행위에 대한 정죄와 지옥에 들어가는 그 죄의 대가에 대한 말씀들을 읽으면 마음이 불안해지는 것은 왜 그럴까요? 이러한 말씀들은 모두 죄와 사망의 법 가운데 살아가는 사람들에게 선포되는 말씀입니다.

구원받고 하나님의 자녀가 되어 예수님을 구세주로 영접하신 당신의 모든 생각과 행위는 생명의 성령의 법에 의해 적용됩니다.

미국에 있는 미국인이 한국 법률을 근거로 재판받지 않으며, 대한민국에 있는 한국인이 독일법에 의해 재판

받을 수 없는 것과 같지요! 천국 백성 된, 하나님의 자녀가 된 사람이 다른 세상의 법을 놓고 고민하는 것은 우스운 일입니다. 그 고민이 그 사람의 영생과 구원을 잃어버리게 할 순 없겠지만, 생명까지 내놓으셨던 그리스도 되시는 예수님 입장에서는 얼마나 한탄하실 모습이겠습니까?

걱정하시는 분들이 주위에 계시면 그 시간에 전도지 한 장 더 돌리라고, 그리고 우리 주 예수 그리스도의 구원의 복음을 한 번이라도 더 전해줄 방법에 대해 고민하는 사람이 되라고 충고해 줄 일입니다!

2부
예수 믿는 사람들의 삶!

1. 예수님을 믿는 죄 짓는 사람?

예수 믿으면 무조건 천국에 갑니다.

죄는 계속 지어도 됩니까?

죄를 지어도 천국은 가겠지만 십자가 위에서 손발에 못 박히시고, 허리에 창을 찔리시고, 가시관을 머리에 쓰신 예수님입니다.

하나님이신 예수님이 미천한 인간의 형상으로 태어나셔서 침 뱉음을 당하시고, 욕설과 뺨 맞는 수모를 겪으시면서도 우리 죄의 대가를 갚기 위해 참으셨음을 생각한다면, 죄를 쉽게 지을 순 없지요!

로마서 6장 1-2절은 "우리를 용서하시는 은혜를 더 받기 위해 죄를 짓겠는가? 그럴 수 없다"라고 반문합니다!

혹시 나도 모르게 짓는 죄가 있을지라도 회개하고, 죄를 짓지 않으려고 노력하는 것이 정상적인 양심을 가진 기독교인이 아니겠습니까?

보통 비기독교인들은 말하기를 "기독교인들은 일주일 동안 죄 짓다가 일요일엔 교회 가서 용서해달라고 기도한다"라고 합니다. 그렇지만 그렇게 말하는 사람들은 죄를 안 짓나요?

똑같이 죄를 짓고 뉘우치고 반성하는 사람들이, 반성하지 않는 사람들보다 낫지 않겠습니까? 또한 죄인인 당신이 천국에 가게 된 이 기쁘고 좋은 소식을 남들에게도 알게 해주려면 모범이 되는 행실이 기본이 아니겠습니까?

누가 말만 앞서는 사람이 전하는 말을 믿겠습니까? 행동으로 보여 주어야 합니다!

> "이같이 너희 빛이 사람 앞에 비치게 하여 그들로 너희 착한 행실을 보고 하늘에 계신 너희 아버지께 영광을 돌리게 하라!"(마태복음 5장 16절).

"오직 너희를 부르신 거룩한 이처럼 너희도 모든 행실에 거룩한 자가 되라! 기록되었으되 내가 거룩하니 너희도 거룩하라고 하셨느니라! 외모로 보시지 않고 각 사람의 행위대로 심판하시는 이를 너희가 아버지라 부른즉 너희가 나그네로 있을 때를 두려움으로 지내라!"(베드로전서 1장 15-17절).

2. 예수님은 죄인들을 찾으십니다

마가복음 2장을 보면, 예수님께서 그 당시 로마의 앞잡이가 되어 자기 민족에게 세금을 과도하게 뜯어내던 세리 같은 악한 사람들과 함께 식사를 즐기시는 장면이 나옵니다.

이를 지켜보던 바리새인파와 서기관(율법선생)들이 있었습니다. 그들은 경험해보지 못한 권위로 하나님의 말씀을 가르치며, 기적을 행하시는 예수님이 약속된 그들의 메시아(구세주)이신지도 궁금했습니다.

예수님의 뒤를 알아보고 다니던 그들에게 예수님께서 죄인들과 식사하시는 모습은 이해가 되지 않았던 것입니다.

"의로운 메시아라면 어떻게 죄인들과 같이 식사를 하며 어울리겠는가?"

마가복음 2장 17절에서 이 사람들에게 예수님께서 말씀하십니다.

> "건강한 자에게는 의사가 쓸 데 없고 병든 자에게라야 쓸 데 있느니라 나는 의인을 부르러 온 것이 아니요 죄인을 부르러 왔노라!"

건강한 사람은 병원이 필요 없습니다. 착한 당신은 죄가 없으니, 죄의 삯을 갚아줄 예수님도 필요 없습니다.

그러나 나는 죄인입니다. 날마다 죄를 짓습니다. 죄를 벗어나지 못하는 곤고한(불쌍한) 죄인입니다. 나는 용서받을 죄가 많기에 기도하고 회개하며 교회에 나갑니다.

그렇기에 감사하고 또 감사하며, 때로는 눈물 흘리며 회개해야 하는 나는 예수님께서 이 땅에 오신 목적과 그 좋은 소식을 날마다 전합니다.

물론 죄 짓지 않으려고 노력하는 나는 내일도 죄를 짓게 될지 모릅니다.

나같이 죄를 극복하지 못하는 사람들도 천국에 갈 수 있게 해주신 예수님께 감사드릴 뿐입니다.

나는 죄인입니다. 그래서 예수님과 동행합니다.

그리고 기도합니다. 죄짓지 않게 도와달라고요!

3. 천국은 믿음으로!
상은 선한 행동으로!

　천국에 가는 것은 100% 믿음에 의한 것이며, 100% 순수한 하나님의 은혜로 이루어짐을 성경은 밝히고 있습니다. 착한 일을 해서 천국에 가는 것이 아닙니다!
　그러나 천국 가기 이전의 이 세상에서의 삶의 수준과 천국에서의 삶의 수준이 모든 사람들에게 동일하지는 않다는 것을 알아야 합니다.
　결론부터 밝히면 이 세상에서 복을 받는 삶도 있고, 그 복을 누리는 수준도 다르다는 것입니다. 반면에 복을 누리지 못하는 삶을 사는 분들도 있습니다.

"네가 네 하나님 여호와의 말씀을 삼가 듣고 내가 오늘 네게 명령하는 그의 모든 명령을 지켜 행하면 네 하나님 여호와께서 너를 세계 모든 민족 위에 뛰어나게 하실 것이라 네가 네 하나님 여호와의 말씀을 청종하면 이 모든 복이 네게 임하며 네게 이르리니 성읍에서도 복을 받고 들에서도 복을 받을 것이며 네 몸의 자녀와 네 토지의 소산과 네 짐승의 새끼와 소와 양의 새끼가 복을 받을 것이며 네 광주리와 떡 반죽 그릇이 복을 받을 것이며 네가 들어와도 복을 받고 나가도 복을 받을 것이니라!"(신명기 28장 1-6절).

그리고 그 복은 이 세상에서만이 아닌, 천국에서도 누리는, 혹은 못 누리는 복입니다.

4. 행동만큼 받는 보상

마태복음 25장 14절 이하에 예수님께서 주시는 이야기 선물이 있습니다.

어느 날, 주인이 먼 길을 떠나면서 종 셋을 불러 각각 다섯 달란트의 재능과 두 달란트의 재능과 한 달란트의 재능을 주고 떠납니다.

마치 누구에게나 찾아오는 죽음의 그때에 하나님과 우리의 삶을 놓고 계산해야만 되듯이, 주인이 다시 돌아와서 그 종들과 대면을 합니다.

이때 다섯 달란트의 재능과 능력을 받았던 종은 그 재능과 능력을 잘 활용하여 그만큼의 전도를 하였고 그 열심의 결과를 인정받았습니다.

두 달란트의 재능과 능력을 받았던 종도 그 재능과 능력을 잘 이용하여 그만큼의 전도를 하고 똑같은 칭찬을 받습니다.

"착하고 충성된 종아, 네가 적은 일에 충성하였으므로 내가 많은 것을 네게 맡기리니 네 주인의 즐거움에 참여할지어다."

그러나 한 달란트의 재능을 받은 종은 불만 속에 살다가 이루어 놓은 것 없이 주인을 만나자 비꼬듯 말합니다.

"심지도 않은 곳에서 거두는 분인 줄 이미 알고 있었습니다. 주신 것을 그대로 드리겠습니다."

이 게으르고 불순종하는 종에게 화가 난 주인은 "악하고 게으른 종아!" 하면서 저주합니다. 그리고 다른 종들에게 명령을 내립니다.

"이 무익한 종을 바깥 어두운 데로 내어 쫓으라. 거기에서 슬피 울며 이를 갈리라."

우리 모두는 하나님으로부터 받은 소유가 있습니다.

지혜, 지식, 건강, 물질, 대인관계 등 크거나 작은 것이 문제가 되지 않습니다.

각자의 재능을 썩혀두는 것은 게으른 것이고, 게으름은 곧 악한 것입니다.

저주받는 지름길인 것입니다. 다섯 달란트와 두 달란트를 받은 예수 믿는 사람들이 그만큼 감사함으로 노력하여 칭찬을 받았듯이, 예수님께서 구원하심을 믿는 기독교인이 되면 받은 것으로 하나님의 나라를 위해 그만큼의 일을 해야 하며, 그때에 착하고 충성되다는 칭찬을 받는 것입니다.

예수님의 은혜가 감사하고 예수님을 구세주로 믿는다면, 그래서 영생의 구원을 얻은 사람이라면 그만큼의 행위가 의무적으로, 결과적으로 뒤따르게 되어 있다는 것입니다!

5. 하나님 보시기에 선하게 살면 받는 복

예수님을 제대로 믿으면 복 받는 것을 아셨나요?

누가복음 18장 29-30절에서 예수님이 말씀하셨습니다!

"하나님의 나라를 집이나 아내나 형제나 부모나 자녀보다 우선순위에 두고 나를 따르면 이 세상에서 여러 배를 받고 천국에서 영생을 받지 못할 자가 없노라!"

이 말씀의 적용 범위가 이스라엘 민족을 넘어서서 교회인 우리에게도 적용될 것입니다.

복을 누리지 못하는 기독교인은 반성해야 합니다.

하나님의 특별한 계획이 있는 사역자가 아니라면, 게으르고 방탕하지 않아서 하나님의 뜻대로 살 때 먹고, 입고, 자는 모든 문제는 덤으로 주어지게 약속되어 있습니다.

신명기 28장은 "하나님 여호와의 말씀을 듣고, 지켜 행하면 너를 세계 모든 민족 위에 뛰어나게 하실 것이라. 성읍에서도 복을 받고, 들에서도 복을 받고, 들어와도 복을 받고, 나가도 복을 받고 너를 대적하는 자가 도망하리라!"고 합니다.

지켜주시는 하나님과 그분의 자녀들에 대한 관계를 밝히고 있습니다. 이 말씀의 요지는 삶의 최우선순위가 하나님인 자녀가 받게 되는 복을 이야기합니다.

이스라엘에게 주어진 율법이 아닌, 그리스도인으로서의 우리가 지켜야 할 규범이 있습니다. 이를 기준으로, 이 말씀의 대상은 이스라엘 민족을 넘어서서 예수님을 그리스도(죄로부터의 구원자)로 영접하고 하나님의 자녀가 된, 예수님의 몸이 된 교회인 우리에게도 적용되는 원리입니다.

신명기 5장 16절을 보면 "네 부모를 공경하라. 그리하면 네 하나님 여호와가 네게 준 땅에서 네 생명이 길고 복을 누리리라!"고 하셨습니다. 부모님께 효도하는 것은 하나님이 직접 돌판에 새겨주실 만큼 강조하신, 복을 주시겠다고 약속하신 첫 계명입니다. 이것은 기독교인의 당연한 삶의 자세입니다. 이런 사람들이 장수의 본이 될 때까지 사는 것은 당연하고, 복을 누리는 약속을 보장받습니다.

6. 선한 사람은 돈을 벌어도 평안합니다

 "나는 예수님께서 십자가 위에서 못 박혀 죽으시면서 흘리신 피 값으로 깨끗해졌고, 과거와 현재와 미래의 모든 내 죄가 다 갚아졌으니 천국에 갈 수 있다"라고 믿는 순간 영생을 얻고 구원을 받았습니다.

> "만일 너희 속에 하나님의 영이 거하시면 너희가 육신에 있지 아니하고 영에 있나니 누구든지 그리스도의 영이 없으면 그리스도의 사람이 아니라!"(로마서 8장 9절).

나는 거듭났고 천국 백성이 되었고, 하나님의 자녀가 되었습니다!

구원받는 순간, 거듭나는 그 순간에 성령 하나님께서 내 안에 들어오십니다.

그리고 그 성령님이 인도하시는 대로 산다는 것은 순종하는 삶이고, 하나님이 기뻐하시며 "착하다! 선하다!"라고 칭찬해주시는 삶입니다. 이러한 삶이 복 받는 인생입니다.

누가복음 6장 43-44절에서 예수님께서 말씀하십니다.

> "못된 열매 맺는 좋은 나무가 없고 또 좋은 열매 맺는 못된 나무가 없느니라 나무는 각각 그 열매로 아나니 가시나무에서 무화과를, 또는 찔레에서 포도를 따지 못하느니라."

착한 일을 해서 착한 것이 아니고, 착하기 때문에 착한 일을 합니다. 그래서 착한 일을 하는 사람이 착하다는 것을 알 수 있습니다!

갈라디아서 5장 22-23절은 성령 하나님을 자기 안에 모시고 의로워진 하나님의 자녀들에게는 열매가 맺히는

데, 그 열매들은 "사랑과 희락과 화평과 오래 참음과 자비와 양선과 충성과 온유와 절제"라고 밝히고 있습니다.

인간은 어느 누구도 완벽한 나무가 될 수 없습니다. 그러나 진정한 기독교인이라면, 하나씩 하나씩 성령의 열매를 맺어 가게 된다는 것이지요. 조금씩, 조금씩! 그리고 그 열매를 통해 복을 받게 되는 것입니다.

혹시 정말 착하고 선한 기독교인임에도 불구하고 가난한 삶을 살고 있다면, 그 착하고 선하다는 기준이 하나님 보시기에 그런 것인지, 혹은 사람들 눈에 그런 것인지 확인해 볼 문제입니다.

하나님이 주신 돈에는 근심이 없습니다. 돈이 많다고 무조건 그 사람이 행복한 것은 아닙니다. 마귀가 주는 돈과 권력, 명예는 그 사람을 결국 근심과 패망으로 이끌고 가는 법입니다.

여호와께서 주시는 복은 사람을 부하게 하고 근심을 함께 주지 않습니다(잠언 10장 22절).

7. 돈은 하나님께서 해결하십니다

 돈은 행복을 얻는 수단이 됩니다. 그래서 사탄 마귀도 돈을 이용합니다.
 돈을 좇아다니는 사람이 있습니다. 성경 말씀에도 돈을 좇는 것이 돈 버는 방법이 아님을 밝히고 있습니다.

 마태복음 6장 31-33절 말씀입니다.

 "무엇을 먹을까 무엇을 마실까 무엇을 입을까 하지 말
 라 이는 다 이방인들이 구하는 것이라 너희 하늘 아버

지께서 이 모든 것이 너희에게 있어야 할 줄을 아시느니라 그런즉 너희는 먼저 그의 나라(하나님의 왕국, the Kingdom of God)와 그의 의를 구하라 그리하면 이 모든 것을 너희에게 더하시리라!"

이스라엘에게 주시는 이 말씀의 원리는 교회인 우리에게도 하나님의 복을 받는 원리로써 적용되기에 차이가 없습니다. 예수님을 믿는 하나님의 사람들은 돈 걱정을 하지 말라는 것이지요!

하나님의 나라를 위해 전도하고 애쓸 때, 필요한 그것들을 우리가 기도하기도 전에 다 아시는 하나님이 채워주십니다. 이에 따르는 순서가 있습니다.
내가 원하는 방식으로, 내가 달라는 때에, 내가 구하는 복을 주시는 것이 아닙니다.
하나님이 원하시는 대로, 하나님이 원하시는 것을, 하나님이 보시기에 좋을 때에 주신다는 것입니다.

우리에게 가장 필요한 것을, 우리에게 가장 적절한 때에 주십니다.
우리에게 필요한 것이 무엇인지, 언제 필요한지를 더

잘 아시는 하나님께서 채워주신다는 것입니다.

그래서 마태복음 6장 34절에서 말씀하시기를 불확실한 내일, 우리가 모르는 우리의 내일을 너무나 잘 아시는 하나님이 채워주실 것이므로 "내일 일을 염려하지 말라"고 말씀하십니다.

그저 하나님의 나라를 먼저 전하고 하나님의 의를 위해 살게 되면 우리에게 필요한 복은 당연히 얻게 되어 있습니다.

8. 저주 받을 사람을 위해 기도해주면 복 받습니다

복 중의 복은, 역시 평안함입니다.

재산이 많아도, 권력이 있어도, 지혜가 많아도, 그 어떤 복을 누리더라도 마음이 불안하다면 무슨 소용이 있겠습니까?

부귀영화는 누리는데, 자식이 불순종하는 문제아라면 행복할 수 있겠습니까?

부모님이 불치의 병에 걸려 슬픔이 가득한 집이라면 행복할 수 있겠습니까?

건강하고 돈도 있지만 남들이 무시하는 명예롭지 못한 삶이라면, 무슨 평안을 누릴 수 있겠습니까?

결국 평안은 모든 복들을 누리는 경우에 얻을 수 있는 것입니다.

마태복음 10장 12-13절에 "그 집에 들어갈 때는 평안(peace)을 빌라! 그 집이 평안을 받을 만하면 그 평안이 거기 머물 것이고 그렇지 않으면 그 평안이 너희에게 되돌아올 것이다"라고 기록되어 있습니다. 여기에 기록된 평안은 모든 복을 일컫는 말씀입니다.

모든 사람들에게 평안을 주시길 기도해주세요! 그 사람들이 평안함을 받을 만한 자격이 되면 그 사람들에게 평안함이 주어질 것입니다.

돈, 명예, 건강, 지식, 지혜 등 무엇이 되었든 간에 당신이 빌어주는 축복을 누리게 되니 얼마나 복된 일입니까?

그러나 그 사람들이 그 평안함을 누릴 만한 자격이 없다면, 그 사람들에게는 애석하지만 평안을 기도해주는 사람에게는 복을 받는 기회입니다. 그들에게 빌어준 그 평안이 기도해준 사람에게 주어질 것입니다!

욕하고, 악하게 괴롭히는 인간들을 위해 복을 빌어주

는 것이 쉽지 않다고요?

관점을 바꿔서 기도해주세요! 자신을 위해서요!

베드로전서 3장 9-10절 말씀을 기억하세요.

> "악을 악으로, 욕을 욕으로 갚지 말고 도리어 복을 빌라 이를 위하여 너희가 부르심을 받았으니 이는 복을 이어 받게 하려 하심이라."

악을 행하는 자에게 복을 빌어 줄 때 복을 받는다고 하지 않습니까!

복 받을 준비가 되셨습니까? 아침부터 저녁까지, 만나는 사람마다 복을 빌어주시되, 무엇보다도 특별히 악하고 못된 사람들을 위해 평안을 빌어주고 사랑해주면 우리는 평안할 수 있습니다.

9. 퍼주어도 부자가 되는 하나님의 계산법

 잠언 11장 24절에 "여기저기 나누어 줘도 더욱 부하게" 되는 사람이 묘사되어 있습니다. 또한 잠언 10장 22절 말씀에 "여호와께서 주시는 복은 사람을 부하게 하고 근심을 겸하여 주지 않는다"라고 하셨습니다. 이 두 구절을 통해 분명히 짚고 넘어가야 하는 복 받는 비결을 깨우칠 수 있습니다.

 하나님은 우리가 생각하는 의인이 아닌, 하나님께서 보시기에 의로운 사람에게 복을 주십니다. 그러한 의인들의 재테크 방법은 무엇입니까?

 감춰두는 것이 아니라, 없는 사람들과 필요한 사람들에게 대가 없이 나누어 준다는 것이지요! 퍼주고 또 퍼주는데도 더욱 부자가 되는 하나님의 축복의 규칙이 있다는 것입니다.

"그 부유함에는 근심이 겸하여 주어지지 않는다"라고 합니다. 돈이 많은데도 자살하는 수많은 부자들이 뉴스에 나옵니다. 돈이 많으면 좋기만 할 것 같아도, 그 돈 때문에 저주 받는 사람들이 정말로 많습니다. 우리는 돈 때문에 부부관계나 친구와 가족관계까지 깨지는 상황을 보면서 살아갑니다.

 행복을 얻는 수단인 돈이 근심의 원인이 되어버리는 경우가 얼마나 많습니까?

그러나 우리 하나님은 의로운 자에게 복을 주시되 근심 없는 복을 주십니다. 그리고 그러한 복을 받는 사람의 특징은 '나누어 주고 퍼주는 사람들'이라는 것이지요!

 퍼주고 퍼주는 당신, 하나님 보시기에 의로운 당신이 되길 바랍니다.

10. 갑절로 복 받는 순종의 사람

예수님 믿고 복 받는 것도 갑절이 있습니다.

누가복음 18장 29-30절에서 예수님이 그 비결을 말씀하십니다.

"'하나님의 나라를 위하여 집이나 아내나 형제나 부모나 자녀를 버린 사람은 현세에 여러 배를 받고 내세에 영생을 받지 못할 자가 없느니라' 하시니라."

부모를 공경하고 아내를 목숨 바쳐 사랑하라고 명령

하시는 하나님께서 부모 형제를 버리라고 말씀하신 것은 아닐 것이고, 그분의 요지는 무엇일까요?

이 말씀은 베드로가 "내가 다 버리고 주를 따랐습니다"라고 말할 때, 하나님의 일을 하는 사람들이 어떤 복을 받을지 말씀하신 것입니다.

최고로 우선순위를 두어야 하는 일이 하나님의 일이고, 그런 사람이 받을 복은 그가 희생한 것의 여러 갑절이 된다는 것을 말씀하신 것이지요!

그러나 그 방법이 우리의 눈에 의로운 방법이 아니라, 하나님 보시기에 의로운 방법이어야 합니다. 하나님을 섬기되 어떤 섬김을 원하시는지 알고 따라야 합니다. 이에 대한 말씀이 사무엘상 15장 22절에 기록되어 있는데 "여호와께서는 제물로 드리는 헌금이나 제사보다 하나님의 말씀에 순종하는 것을 좋아하신다"는 것입니다.

하나님을 섬길 때에, 그리고 열심히 하나님의 일을 할 때에 확인할 것이 있습니다.

교회 안팎에서 봉사를 하고 전도할 때, 그 방법이 목사나 교회 중직자들에게 보여주는 모습인지, 진실로 하나님께 순종하는 방법인지 확인해야 합니다.

하나님께 순종하는 당신이 될 때, 당신에게 생업이나 부모 형제가 하나님보다 우선시하는 우상이 되지 않을 때, 그의 인생은 갑절에 갑절로 복을 받을 것입니다.

11. 하나님께 복 받기에 합당한 사람은?

로마서 4장 5절에 "일을 아니할지라도 경건하지 아니한 자를 의롭다 하시는 이를 믿는 자에게는 그의 믿음을 의로 여기시나니"라고 하셨습니다.

갈라디아서 2장 16절에 "사람이 의롭게 되는 것은 율법의 행위로 말미암음이 아니요 오직 예수 그리스도를 믿음으로 말미암는 줄 알므로 우리도 그리스도 예수를 믿나니 이는 우리가 율법의 행위로써가 아니고 그리스도를 믿음으로써 의롭다 함을 얻으려 함이라 율법의 행위로써는 의롭다 함을 얻을 육체가 없느니라"고 했습니다.

복 받기에 합당한 의로운 사람이 되기 위해 첫걸음을 내딛는 것은 예수님이 나의 죗값을 다 갚으셨다고 믿는 것입니다.

죄의 대가인 죽음 곧 지옥은 나와 상관없으며, 나는 천국 백성이고 하나님의 자녀로서 천국에 가기 싫어도 갈 수밖에 없는 사람이라는 사실을 믿음으로 영생을 얻는 구원받은 사람이 되는 것입니다. 그리고 그 이후에야 비로소 복을 받는 상태로 이어진다는 것이지요! 행위로써는 의롭다 함을 얻을 육체가 없기 때문입니다.

하나님께 의로운 사람은 예수님께서 자신을 죄의 삯으로부터 구해주실 수 있는 유일한 분이시라는 것을 믿는 사람입니다.

그 유일한 구원의 복음, 예수 그리스도를 믿는 믿음을 가질 때에 비로소 의롭다는 범주에 턱걸이 한 것이며, 성령 하나님과 동행하면서 의로운 자로서 증거가 되는 성령의 열매가 하나씩, 조금씩 맺혀지는 것이지요!

12. 52일 만에 꿈을 이루는 방법

느헤미야가 하나님의 뜻에 따라 예수살렘 성벽을 재건축할 때의 일입니다. 수많은 대적들이 그 일에 동참하는 유다 사람들을 분노하고 비웃으며 위협을 가하게 됩니다(느헤미야 4장 1-8절).

이에 하나님을 믿음으로 바라보고 순종하던 그들의 손길에 제동이 걸립니다. "일이 너무 많고 힘이 다 빠졌으니 성을 건축하지 못할 것"(느헤미야 4장 10절)이라고 좌절합니다.

그들의 눈길이 하나님을 보지 않고 환경을 돌아볼 때, 그 어려운 세상은 그들을 좌절시켰던 것입니다.

또 자신들이 "가난해져서 자녀를 팔고 딸 중에는 벌써 종이 되었으며, 자신들의 밭과 포도원도 남의 것이 되어 아무 힘이 없노라"고 부르짖으며 형제인 유다 사람들을 원망합니다(느헤미야 5:1-5절). 자기 자신을 바라볼 때 나약함을 깨닫고 좌절하여 울부짖게 되었던 것이지요.

너무나 연약한 제 자신을 항상 절감하며 살아갑니다. 제 주위에 도사리는 수많은 고민거리들을 보면서 살아갑니다. 그러나 나약한 나를 굳건하게 세우시며, 그 모든 문제들을 해결해주신 분이 계심을 알기에 그분을 바라봅니다.

그들을 이끌었던 느헤미야가 호소합니다.

"…나아오라, 우리 하나님이 우리를 위하여 싸우시리라 하였느니라"(느헤미야 4장 20절).

느헤미야의 시선은 연약한 자신이나 폭풍이 치는 환경을 바라보고 있지 않습니다. 그의 눈은 도움을 주시기에 능하신 하나님만 바라보고 있습니다. 그리고 성벽은 52일 만에 세상이 기억하지도 않는 비전문가들의 손으로 완성되었습니다.

> "…나의 도움이 어디서 올까 나의 도움은 천지를 지으신 여호와에게서로다"(시편 121편 1-2절).

세상에는 자칭 그리스도, 혹은 하나님이라 하는 사람들이 수없이 많으며 그들의 하수인들은 목사라는 이름으로, 기성교회와 똑같은 이름으로 흉내를 내지만, 유리조각이 다이아몬드의 가치와 빛을 발휘할 수는 없습니다.

거기에 의지하는 어처구니없는 신앙은 그 추종자들을 구원하지 못합니다. 그들의 영혼을 영원히 파멸시킬 뿐입니다.

13. 아무도 알지 못하는 나의 이름을 기억하시는 하나님

느헤미야 3장에는 무너진 예루살렘의 성벽을 느헤미야와 함께 건축한 사람들의 명단이 길게 기록되어 있습니다. 그 성벽을 52일 만에 세워놓았던 사람들의 명단이지요.

제사장 엘리아십(1절)이라는 이름도 생소한데, 이므리와 그의 아들 삭굴(2절)은 도무지 누구인지, 하스나아(3절)라는 이름은 발음하기도 힘든 낯선 이름입니다.

그 뒤에 이어지는 그 사람들은 "○○○의 자손이었으

며, ○○ 지역 사람이었으며, 더러는 장사꾼이거나 기술자요, 또 더러는 여자들이었다"라고 기록되어 있습니다.

그 많은 사람들은 느헤미야서 이전의 성경에도, 그 이후의 성경에도 다시는 등장하지 않는 사람들이 대부분입니다. 우리가 성경을 이해하는 데 중요하지 않은 사람들입니다.

그런데도 하나님은 하나님이 원하시는 성벽을 건축하는 일에 정성으로 벽돌을 쌓았던 그 손길들을 하나하나 주목하시고, 하나님의 말씀 속에 기록해 놓으셨습니다.

세상 사람들이 볼 때 보잘것없는 나와 사랑하는 형제, 자매들도 하나님이 보시기에 그렇게 대단한 존재라는 사실이 저를 감동시킵니다. 그 수많은 세상의 왕과 권력가들의 이름이나 재력가들의 이름이나 혹은 예술가들의 이름보다도 하나님의 일에 작은 벽돌을 쌓아가는 이름이 하나님 보시기에는 더욱 소중하며, 곧 그분의 역사에 기억될 만하다는 사실을 함께 나누고 싶습니다.

"너희에게는 머리털까지 다 세신 바 되었나니"(마태복음 10장 30절).

"너희를 위하여 보물을 땅에 쌓아 두지 말라 거기는 좀과 동록이 해하며 도둑이 구멍을 뚫고 도둑질하느니라 오직 너희를 위하여 보물을 하늘에 쌓아 두라 거기는 좀이나 동록이 해하지 못하며 도둑이 구멍을 뚫지도 못하고 도둑질도 못하느니라"(마태복음 6장 19-20절).

14. 하나님이 복 주시는 기준

복 주시는 분은 하나님이시니 하나님 마음에 드는 사람이 복 받게 되는 것은 당연하지요?

디모데후서 2장 20-21절을 보면 이렇게 설명하고 있습니다.

> "큰 집에는 금 그릇과 은 그릇뿐 아니라 나무 그릇과 질그릇도 있어 귀하게 쓰는 것도 있고 천하게 쓰는 것도 있나니 그러므로 누구든지 이런 것에서 자기를 깨끗하게 하면 귀히 쓰는 그릇이 되어 거룩하고 주인의 쓰심에 합

당하며 모든 선한 일에 준비함이 되리라."

파리 두 마리가 죽어서 안쪽에 붙어 있는 금 그릇이나 은 그릇에 밥을 비벼먹을 사람은 없습니다. 하나님이 쓰시는 사람은 깨끗한 사람입니다! 하나님의 눈에 깨끗한 사람이 되어야 합니다.

그러나 잊지 말아야 할 것들이 있습니다.

> "…어린 양의 피에 그 옷을 씻어 희게 하였느니라!"(요한계시록 7:14).

우리의 판단에 깨끗한 자가 아니라, 예수님의 피로 깨끗하게 씻겨져 옷을 희게 한 요한계시록 7장 14절의 모습처럼 하나님 보시기에 깨끗해야 합니다.

때로 우리 눈에는 아내를 보호하지 않았던 비겁한 아브라함이나, 아버지와 형을 속였던 야곱, 자신에게 목숨 바쳐 충성하는 부하의 아내를 빼앗고 그 부하를 죽였던 사람 같지 않은 다윗의 모습이 크게 보입니다.

그러나 그들은 하나님만을 의지하고 신뢰하며, 무릎 꿇고 진실로 회개했습니다. 하나님이 보시기에 의로우며 깨끗한 그들의 모습이 복 받는 삶의 비결입니다.

 사람은 어느 누구도 깨끗하지 않습니다. 그러나 예수님이 십자가에서 흘리신 피가 나의 죄를 씻겨주심을 믿을 때, 우리는 하나님 보시기에 깨끗해집니다.
 하나님의 자녀가 된 사람은 행위가 깨끗한 것이 아니기 때문에 예수님께서 죗값을 100% 해결해 주실 것을 의지합니다. 과거와 현재와 미래까지도 깨끗하다고 하시는 하나님께 회개하고 뉘우치며, 새롭게 살며 깨끗하게 살기를 하나님께 기도하고 부탁하는 사람을 하나님은 귀하게 사용하십니다! 이제 깨끗하기 때문이지요!

15. 예수님이 다시
이 땅에 오고 있습니다

　세상을 덮고 있는 에이즈는 물론, 코로나 바이러스 감염증, 메르스, 사스 등 죽음을 부르는 새롭게 변형된 질병들이 해마다 등장하고 있습니다.

　6개월 가까이 산불이 계속되었던 호주에는 2020년 1월에 골프 공 크기의 우박 폭풍도 휘몰아쳤습니다. 호주 언론의 보도에 의하면 2020년 1월 19일 오전에 기온이 30도까지 올랐던 빅토리아 주에 오후부터 지름 5㎝가 되는 골프 공만 한 우박이 쏟아졌습니다.

2020년 2월, 남극에서는 관측사상 최고 기온인 18.3도를 기록하였습니다. 얼음이 녹아 해수면이 상승한다는 우려는 이제 더 이상 놀랄 만한 뉴스가 못 되는 때에 살고 있습니다.

마태복음 24장 4-8절에서 말씀하고 있습니다.

> "예수께서 대답하여 이르시되 너희가 사람의 미혹을 받지 않도록 주의하라 많은 사람이 내 이름으로 와서 이르되 나는 그리스도라 하여 많은 사람을 미혹하리라 난리와 난리 소문을 듣겠으나 너희는 삼가 두려워하지 말라 이런 일이 있어야 하되 아직 끝은 아니니라 민족이 민족을, 나라가 나라를 대적하여 일어나겠고 곳곳에 기근과 지진이 있으리니 이 모든 것은 재난의 시작이니라."

1992년에도, 1994년에도 휴거(그리스도가 재림할 때 자신의 과거, 현재, 미래의 모든 죄의 대가를 예수님이 갚아주셨음을 믿고 천국에 갈 수 있다고 확신하는 기독교인들이 죽지 않는 몸으로 변화되어 하늘로 올라감)를 주장했던 미국 캘리포니아 주 오클랜드에 본부를 둔 'Family Radio'의 설립자이며 사장인 해럴드 캠핑이 또다시 '2011년 5월 21일 종말론'을 주장했습니다.

 그러나 예수님께서는 오시지 않았고, 전 세계적으로 40개 이상의 언어로 방송되고 있는 이 기독교 단체의 재림 날짜와 종말 날짜는 종교적인 속임수였습니다.

 그러면 이러한 사기극들의 주인공은 누구입니까?
 자칭 성령, 혹은 그리스도이며 재림 예수라고 하면서 사람들을 현혹하며 지옥으로 끌고 가는 뱀 같은 사기꾼들이 있습니다.
 보혜사나 그 외의 거짓된 이름으로 기독교를 표방하는 이단 집단이나, 독립적으로 운영되는 모든 기타 사이비 종교들의 주관자는 사탄 마귀임에 틀림없습니다.

> "…그(마귀)는 처음부터 살인한 자요 진리가 그 속에 없으므로 진리에 서지 못하고 거짓을 말할 때마다 제 것으로 말하나니 이는 그가 거짓말쟁이요 거짓의 아비가 되었음이라"(요한복음 8장 44절).

 전 세계에 내전이 끊임없이 일어나고 있습니다. 전 세계로 퍼져버린 자살 폭탄 테러는 일상적인 뉴스거리가 되어버렸습니다.

자연현상은 어떻습니까? 전 세계적으로 지진이 늘고 있습니다. 2010년 1월 12일엔 규모 7.0의 지진이 아이티를 강타하여 220,000명을 죽였고, 같은 해에만 규모 7.0 이상의 지진이 20회나 발생했습니다.

2010년 5월 6일에는 미국과 캐나다에 아마겟돈 폭설(Snowmageddon)이 쏟아졌는데 이는 1922년 이래 최악이었습니다.

2010년 2월 27일에는 규모 8.8의 지진이 칠레를 강타했는데 해안선은 약 2.8m나 상승하고 내륙은 그만큼 땅속으로 꺼져 들어갔습니다.

2010년 8월 9일에는 몬순 폭우로 파키스탄의 인더스 강물이 불어났으며 파키스탄 5분의 1이 침수되고 17,000명의 사상자가 발생했습니다.

2010년 10월 26일에는 인도네시아의 머라피 화산이 분출하여 39만 명 이상의 노숙자가 생겼으며 319명이 목숨을 잃었습니다.

2010년 12월 31일에는 미국 아칸소 주에서 약 3천 마리의 찌르레기 사체가 하늘로부터 비처럼 쏟아졌는데, 이때는 찌르레기의 이동 시기도 아니었습니다.

2011년 1월 5일에는 메릴랜드의 체서피크 만에서 죽은 채 떠다니는 200만 마리 이상의 물고기 사체가 발견되었습니다.

2011년 3월 11일에는 규모 9.0의 지진이 일본 동북부를 강타하며 쓰나미를 일으켰고, 후쿠시마 지역은 전부 파괴되고 원자로 문제를 일으키며 불모의 땅이 되었습니다.
2013년 4월엔 중국의 쓰촨성과 루산현 등에서 7.0 이상의 지진이 연속적으로 발생해 수많은 사상자와 수백만 명의 이재민이 발생했습니다.

2013년 9월 말 파키스탄 남서부에서 발생한 강진으로 인한 사망자 수가 600명에 육박합니다.
1980년부터 1990년까지 7.0 규모 이상의 지진은 8회가 발생했습니다.
1990년부터 2000년까지는 33회가 발생했습니다.
2000년부터 2010년까지는 121회 발생했습니다.
이는 30년간 1,500%의 증가율을 보여주는 것입니다.

거짓 예언들이 끊임없이 이어지고, 자칭 하나님이라거나 예수의 영을 받은 보혜사이며 이 시대의 새로운 그리스도라고 주장하는 사기꾼들이 뱀같이 유혹하며 진정한 기독교의 위신과 신뢰감을 떨어뜨리고 있습니다.

이로 인해 자칭(?) 기독교인이라고 하는 사람들도 이 세상의 종말과 예수님의 재림을 불신하는 모습을 보이고 있습니다.

마태복음 24장 37-38절의 말씀과 데살로니가전서 5장 1-3절의 말씀을 보면 예수님께서 다시 오실 그 날짜와 그 시간은 알 수 없습니다. 그러나 데살로니가전서 4장 16-17절 말씀대로 예수님께서는 친히 재림하실 것입니다.

사도들과 예수님의 제자들이 기다려왔던 그분의 재림은 분명하며, 마가복음 13장 28절에서 밝히는 것처럼 그때의 징조가 있습니다(마태복음 16장 3절). 그러므로 날짜와 시간은 몰라도, 봄이나 여름처럼 계절 등의 넓은 개념인 그때를 깨어서 준비하는 성도가 복되다는 것입니다.

지금 세상에서 전에 없이 일어나고 있는 이 모든 징조는 무엇을 말하고 있습니까?

예수님이 말씀하시는 그때(마태복음 24장 3절 이하), 즉 예수님이 다시 오실 그때가 다 되었다는 것입니다.

그때 예수님을 맞이할 준비가 되어 있는지 스스로에게 질문해 보아야 합니다.

우리는 깨어 있어야 할 때입니다(마가복음 13장 33-37절).

늦기 전에 부모 형제와 친구들의 영도 깨워야 합니다.

예수 그리스도의 영원하며 완전한 피로 그들의 죗값이 다 사라졌음을 알려야 합니다.

예수님께서 언제 오시든 죄 사함의 확신이 있으면 곧 깨어 있는 것임을 예수님이 명령하신 대로 알려야 합니다.

16. 바울 선생이 가르치는 섬김

갈라디아 교회에 보내는 바울 선생의 편지인 갈라디아서 6장 10절 말씀입니다.

"기회 있는 대로 모든 이에게 착한 일을 하되 더욱 믿음
의 가정들에게 할지니라."

예수님께서는 우리가 천국 가는 유일한 길이요, 나의 과거와 현재는 물론 미래의 모든 죄까지 대신 짊어지셨습니다. 그러므로 내가 지었던 수많은 죄들과 앞으로 평

생 짓게 될 모든 죄들도 나의 천국 소망과 영생에 영향을 주지 못한다는 바울의 믿음을 배워야 합니다.

"만일 내가 원하지 아니하는 그것을 하면 이를 행하는 자는 내가 아니요 내 속에 거하는 죄니라"(로마서 7장 20절)라고 고백하는 믿음이 정답입니다.

갈라디아서 1장 10절에서 "이제 내가 사람들에게 좋게 하랴? 하나님께 좋게 하랴?" 하고 삶의 표준과 신앙의 표준을 밝히면서 편지를 시작하는 바울 선생의 말씀이 정답입니다.

"너희가 섬길 자를 오늘 택하라. 오직 나와 내 집은 여호와를 섬기겠노라"(여호수아 24장 15절)라고 외치던 여호수아처럼 하나님 편에 서고, 열심히 선한 일을 하되 믿음의 가정들을 먼저 돕는 것이 정답입니다.

죄를 벗어나지 못하는 불쌍한 내가, 혹시 원하지 않는 죄를 짓더라도 그 죄는 내가 갚는 것이 아닙니다. 그 죄의 삯을 예수님께서 다 갚으셨고 그분이 책임져 준다는 믿음을 갖는 것이 정답입니다. 거룩한 성도답게 살기를 애쓰며, 옛 습관을 버리기 위해 노력할 뿐입니다.

17. 하나님이 보시기에 의미 없는 봉사와 섬김

 마태복음 25장 34절 이하를 보면, 이스라엘 민족에게 주시는, 섬기는 사람과 섬기지 않는 사람에 대해 각기 다른 평가를 내리는 예수님의 말씀을 접하게 됩니다.
 이 말씀은 예수님이 다시 오시기 전의 교회인 우리의 구원과 관련시켜 적용할 수는 없지만, 임금이 오실 때에 그분의 형제들에게 원하시는 섬김의 원칙을 통해 하나님께서 원하시는 우리 삶의 자세를 유추해 볼 수 있습니다.

마태복음 25장 40절 말씀입니다.

"내 형제 중에 지극히 작은 자 하나에게 한 것이 곧 내게 한 것이니라."

그리고 그런 사람은 칭찬과 함께 하나님의 나라를 상속받습니다(34절). 섬기지 않는 사람은 영벌에, 섬긴 사람들은 영생에 들어갑니다(46절). 그래서 열심히 봉사하고, 어려운 이웃들을 도와주는 것이 당연한 것입니다.

그러면 다른 종교인들도 섬기고 봉사하면 천국과 영생을 얻게 되나요? 절대 그렇지 않습니다. 예수 그리스도만이 유일한 천국으로 가는 길이요, 영생으로 가는 길입니다. 봉사할 때 조건이 붙습니다.

마태복음 10장 42절 말씀입니다.

"누구든지 (나의)제자의 이름으로 이 작은 자 중 하나에게 냉수 한 그릇이라도 주는 자는…결단코 상을 잃지 않으리라."

복음이 전해지지 않는 봉사와 섬김은, 물에 빠져 죽어

가는 사람에게 걱정과 위로의 말을 던져주는 것과 같습니다. 물에 빠져 죽어가는 다급한 상황의 사람들은 지푸라기라도 던져주면 그것을 필사적으로 잡겠지요!

그러나 그 지푸라기는 그 사람의 생명을 구할 수 없습니다.

> "예수께서 이르시되 내가 곧 길이요 진리요 생명이니 나로 말미암지 않고는 아버지께로 올 자가 없느니라!"(요한복음 14장 6절).

18. 예수님은 없는 예배와 신앙

마태복음 11장 16절과 17절의 예수님 말씀입니다.

"이 세대를 무엇으로 비유할까 비유하건대 아이들이 장터에 앉아 제 동무를 불러 이르되 우리가 너희를 향하여 피리를 불어도 너희가 춤추지 않고 우리가 슬피 울어도 너희가 가슴을 치지 아니하였다 함과 같도다."

빈 장터에 두 패의 아이들이 놉니다. 약속한 놀이방식은 한 패가 피리를 불면 다른 패는 춤을 춰주는 것입니다. 그리고 한 패가 슬피 울며 곡을 하면 다른 패는 가슴 치며 반응을 보이는 것입니다. 그런데 반응이 없습니다. 같이 어울려주질 않습니다.

사람들이 예수님과 동행한다고 하면서 마음은 딴 데 있습니다! 예수님을 무시하고 쳐다보지도 않습니다.

"볼지어다 내가 문 밖에 서서 두드리노니 누구든지 내 음성을 듣고 문을 열면 내가 그에게로 들어가 그와 더불어 먹고 그는 나와 더불어 먹으리라"(요한계시록 3장 20절).

문을 열라는 눈물 젖은 예수님의 두드림을, 문을 열라고 부르시는 예수님의 애절한 목소리를 이 세대는 듣지 않습니다.
예배는 참석했는데, 마음은 딴 데 있습니다. 잡니다!
하나님을 무시하고, 하나님의 말씀은 듣지도 않습니다.
많은 유명한 설교들이 재미는 있는데, 하나님의 말씀은 없습니다.
주인공은 분명히 예수님인데, 예수님은 단역으로 전락

하고 중요도가 없는 행인이 되어 대화도 없이 잠시 스쳐 지나갑니다.

예수님의 구원의 보혈은 5초짜리 자막으로 지나가고 구원의 복음은 확신 없는 혼잣말이 되어 들리지도 않습니다! 구원받지 못한 이 세대의 교인들은 세상의 도덕과 철학을 듣습니다.

가르치는 주일학교 선생도 복음의 지식이 없으며, 구원의 확신도 없습니다!

세배대의 아들 야고보와 요한처럼 영광을 구합니다(마가복음 10장 37-38절). 그러나 영광의 길은 모릅니다. 왜 예배에 참석하는지 모릅니다. 왜 내가 주일학교 교사이며 장로요, 권사요, 집사인지 모릅니다. 자신이 구하는 것만 아는 이 세대는 무엇을 해야 되는지 모릅니다.

전해야 할 복음이 심장에 없으니 이름만 기독교인들인 이 세대는 복음을 전할 수 없습니다. 사탄 마귀의 하수인들이 손짓을 하면 '기독교인'이라는 띠만 두른 채 지옥을 향해 걸어가고 뛰어갑니다. 구원 없는 열심 속에서 거짓 예수, 거짓 구원의 방법을 따라 달려갑니다.

예수님으로부터 멀리 달음질합니다.

예수님은 고민하며 죽게 되었는데, 땀이 핏방울처럼 떨어지는 예수님을 홀로 두고 그의 제자라는 사람들은 이름만 기독교인이요, 무늬만 그리스도인인 사람들입니다.
그들은 예수님과 떨어져서 그저 잡니다. 신앙도 자고, 전도의 열정도 잡니다.
나도 이 세대의 모습이요, 예수님을 떠난 베드로, 잠들어 버린 베드로의 모습일지도 모릅니다(마가복음 14장 34-36절; 누가복음 22장 44절).

구원의 확신이 있는 것으로만, 천국 백성이 된 것으로만 만족하고 혹시 예수님의 목소리를 못 듣고 있는지도 모를 일입니다. 피리를 불어도 반응하지 않는 동무인지도 모를 일입니다(마태복음 11장 17절).

선행과 구제에 복음이 동반되지 못하면, 물에 빠져 숨이 넘어가는 사람에게 위로의 말을 하는 것과 같습니다. 예수님과 따로 노는 놀이에는 천국으로 가는 길도, 진리도, 생명도 없습니다(요한복음 14장 6절). 그냥 'nothing'입니다.

저의 인생이 예수님과 함께하길 소원합니다. 그것이 바로 'everything'입니다.

빌립보서 1장 20-21절 말씀이, 이 세상을 떠나는 날까지 꺼지지 않는 저의 고백이 되길 소원합니다!

> "나의 간절한 기대와 소망을 따라 아무 일에든지 부끄러워하지 아니하고 지금도 전과 같이 온전히 담대하여 살든지 죽든지 내 몸에서 그리스도가 존귀하게 되게 하려 하나니 이는 내게 사는 것이 그리스도니 죽는 것도 유익함이라."

19. 눈먼 헌금과 예배

졸며 끄덕이는 머리들과 울려대는 휴대전화들이 예배 시간에 늦어 자박거리는 발걸음들과 뒤섞여 하나님께 드리는 예배인지, 혹은 영화관인지 알 수 없는 곳으로 만듭니다.

'영과 진실'로(요한복음 4장 24절) 예배드리지 못하는 순간에, 그분의 음성이 들리지 않는 귀와 너무 쉽게 잘 듣고 회개하는 귀가 있습니다.

제 마음에는 말라기 1장 10절 말씀이 "너희 중 누가

(이 교회의)문들을 닫아주겠느냐?"라고 새겨지며 한숨짓게 합니다.

하나님께서는 "나를 공경하지 않고…더러운 헌금을 내고 여호와의 예배시간은 비웃을 만하다고 말하며…눈먼 헌금과 예배며 온전치 못하고 병든 헌금과 예배를 드리는 것이 사악하지 아니하냐?"라고 말씀하십니다(말라기 1장 6-8절).

혹시 헌금통 옆에 서 계신 집사님을 지나치기 뻘쭘해서 사람들에게 보여주기 위해 헌금 낼 때가 있고, 혹시 주정헌금을 안 내면 교회 목사님이나 전도사님이 신앙이 부족하다고 할까 봐 헌금한 적이 있으며, '감사헌금을 안 내거나 십일조를 적게 내고 예배에 빠지면 교회 감독들과 집사들이 나를 어떻게 볼 것인가?' 하고 고민한 시간들이 있다면 이는 하나님으로부터 멀어진 시간들입니다. 하나님을 경외하지 않고 사람들을 두려워하는 의미 없는 시간들입니다.

찬송을 하면서, 말씀을 들으면서 그 소리들이 무슨 뜻인지 모른 채 멍하니 앉아 있는, 눈멀고 온전치 못한 그리고 병든 헌금과 예배를 드릴 때가 얼마나 많을까요?

온전히 하나님께 드리는 헌금과 예배가 되지 못할 때마다, 그 예배의 처소를 문 닫아 버리고 싶으셨을 하나님의 시선을 두려워해야 합니다.

예배의 대상은 하나님이시고, 설교의 주인공은 오직 구세주이신 예수님이시며 하나님이십니다.

20. 가짜 집사요, 사기꾼입니다!

집사님이십니까? 집사에 해당하는 영어 단어는 'deacon'이요, 그리스어로는 'diakonos'입니다. 'dia'는 '완벽하게'(thoroughly)라는 뜻이고, 'kono'는 '움직이다'(move)라는 뜻입니다. 따라서 집사는 '완벽한 종'(servant)이라는 뜻입니다.

성경에서 집사의 모습은 디모데전서 3장 8-15절까지의 말씀에서 밝혀집니다.

"이와 같이 집사들도 정중하고 일구이언을 하지 아니하고 술에 인박히지 아니하고 더러운 이를 탐하지 아니하고 깨끗한 양심에 믿음의 비밀을 가진 자라야 할지니 이에 이 사람들을 먼저 시험하여 보고 그 후에 책망할 것이 없으면 집사의 직분을 맡게 할 것이요 여자들도 이와 같이 정숙하고 모함하지 아니하며 절제하며 모든 일에 충성된 자라야 할지니라 집사들은 한 아내의 남편이 되어 자녀와 자기 집을 잘 다스리는 자일지니 집사의 직분을 잘한 자들은 아름다운 지위와 그리스도 예수 안에 있는 믿음에 큰 담력을 얻느니라 내가 속히 네게 가기를 바라나 이것을 네게 쓰는 것은 만일 내가 지체하면 너로 하여금 하나님의 집에서 어떻게 행하여야 할지를 알게 하려 함이니 이 집은 살아 계신 하나님의 교회요 진리의 기둥과 터니라."

세상이 바뀌었으니 그런 성도가 아니어도 된다고 주장하는 분이 계시다면, 그분은 하나님도 바뀌었으니 성경도 바뀌어야 한다고 주장하는 분입니다. 이보다 더 큰 교만이 어디에 있겠습니까?

종이 아니면서 왜 종(집사, deacon)이라는 이름을 즐기십니까? 교회의 직책은 상처럼 따내는 교만의 직책이 아니라 형제간에 섬김의 위치를 보여주는 명칭입니다.

21. 짝퉁 장로들! 무늬만 장로들!

사도행전 14장 23절 말씀과 디도서 1장 5절 등의 말씀을 보면 교회마다 성읍마다 세워지는 초대교회의 장로들을 만나게 됩니다.

디모데전서 3장에는 감독과 집사라는 두 가지 직분이 나옵니다. 감독을 의미하는 그리스어 'episkopos'는 'watcher' 또는 'overseer'로 주의 깊게 보는 사람을 가리킵니다. 이 단어는 지금의 목사를 의미하기도 합니다.

장로님! 그리고 장로 직분을 받기 원하시는 집사님들!

사도행전 20장 17절 말씀을 보면 사도 된 바울이 교회 장로들을 청합니다. 그리고 28절에서 "여러분을 감독자(overseer)로 삼고 하나님이 자기 피로 사신 교회를 보살피게 하셨느니라"고 말합니다.

신약성경의 장로라는 직책이 지금 우리가 세우는 장로 직책인지, 목사인지 구별할 필요가 있습니다. 베드로도 베드로전서 5장 1절에서 장로들에게 "나는 함께 장로 된 자요"라고 자기 신분을 밝힙니다.

만약 장로라는 직책을 가진 어떤 사람이 복음 전도의 열정이 성도들에게 본보기가 되지 못하면, 그에게 동조해서는 안 될 일입니다.

베드로전서 5장 2-3절의 말씀입니다.

> "너희 중에 있는 하나님의 양 무리를 치되 억지로 하지 말고 하나님의 뜻을 따라 자원함으로 하며 더러운 이득을 위하여 하지 말고 기꺼이 하며 맡은 자들에게 주장하는 자세를 하지 말고 양 무리의 본이 되라."

본이 되지 않는데 장로의 직책에 세워져 있다면, 그러한 경건의 모습뿐인 장로와 연합한다면 그들은 하나님 편에 선 사람들이 결단코 아니며 그 교만의 대가는 패망이며 타락이 인생의 결과로 나타날 것입니다(잠언 16장 18절).

오늘날 교회에서 '장로'라는 호칭은 초대교회의 장로(watcher, 자기와 교회를 돌아보는 능력의 사람)를 의미하나요? 아니면 종(diakonos)인 집사(deacon, servant)를 의미하나요? 우리의 판단 기준은 성경이 되어야만 합니다.

지금의 장로(elder)라는 직함이 감독(목사, bishop, watcher)을 의미하지 않는다고 해도, 가르치는 장로가 아니라 할지라도 말씀 선포(preaching) 외의 다른 능력과 자격은 있어야지요!

만약 실제적인 의미가 집사를 의미하는 것이라고 생각하신다면 열심히 뛰어야지요! 쉼 없이 목사와 교회의 구성원들을 뒷바라지하는 겸손하며 순종하는 종(servant)의 삶을 살기 위해서 말입니다.

22. 누가 진짜 그리스도인가?

우리나라에만 수십 명이 재림 예수, 이긴 자, 보혜사 등 하나님의 이름으로 나타나서 사람들을 미혹하며 기독교의 권위를 떨어뜨리는 적그리스도의 흉내를 내다가 죽어갔고, 지금도 죽어가고 있습니다.

그들이 살다가 지옥으로 떨어져가는 과정에서 수많은 사람들이 미혹을 받아 함께 지옥 길로 떨어지게 됩니다.

우리 예수님은 마태복음 24장 26절에서 이스라엘 사람들에게, "사람들이 너희에게 말하되 보라 그리스도가 광야에 있다 하여도 나가지 말고 보라 골방에 있다 하여도 믿지 말라"고 말씀하십니다.

> "그날 환난 후에 즉시 해가 어두워지며 달이 빛을 내지 아니하며 별들이 하늘에서 떨어지며 하늘의 권능들이 흔들리리라"(마태복음 24장 29절).

마태복음 24장 29절은 휴거의 시기를 지난 시점, '그날 환난 후에'라고 시기를 밝힙니다. '환난 후에'라고 예수님께서 직접 이 땅을 다스릴 천년왕국을 위해 오시는 지상 재림의 시점을 밝히고 계십니다.

> "그때에 인자의 징조가 하늘에서 보이겠고 그때에 땅의 모든 족속들이 통곡하며 그들이 인자가 구름을 타고 능력과 큰 영광으로 오는 것을 보리라!"(마태복음 24장 30절).

이 땅에서는 재림하시는 예수님을 다니엘의 마지막 이레(7년 환난) 전에 뵐 수 없다는 것이지요! 7년 환난에 들어가기 전에 구원받은 성도들이 휴거(들림, rapture)를 받게 될 텐데, 이후 환난이 지난 후에 이 땅에 오실 것입니다.

지금 우리가 보고 만나는 그리스도나 재림주 혹은 자칭 하나님이라는 자들은 재림주일 수 없다는 것입니다.

우리는 말씀으로 무장하고 이단들의 미혹과 사탄의 유혹을 성령의 검 곧 하나님의 말씀(에베소서 6장 17절)으로 맞설 수 있도록 노력해야 합니다.

23. 수많은 가짜 재림주들

"주께서 친히 징조를 너희에게 주실 것이라 보라 처녀가 잉태하여 아들을 낳을 것이요 그의 이름을 임마누엘이라 하리라"(이사야 7장 14절).

"베들레헴 에브라다야 너는 유다 족속 중에 작을지라도 이스라엘을 다스릴 자가 네게서 내게로 나올 것이라 그의 근본은 상고에, 영원에 있느니라"(미가 5장 2절).

예수님은 태어나기 700여 년 전에, 유다의 베들레헴에서 처녀의 몸에 잉태되실 것이 예언되어 있었습니다. 예수님께서 모든 사람들의 죄를 씻어주고 죗값을 갚아주실 사역을 위해 태어나실 것이 예언되어 있었습니다.

 나 같은 죄 많은 사람도 예수님께서 십자가 위에서 흘리신 죄 용서의 피로 과거와 현재와 미래의 모든 죗값이 대신 갚아졌음을 믿을 때 천국에 가게 됩니다.

 그리고 예수님의 구속사역이 완성된 지 2,000여 년이 지난 지금, 수없이 많은 재림주라고 주장하는 사람들이 나타나 많은 사람들을 속이다가 늙고 병들어 죽어갔고, 지금도 늙어 죽어가고 있습니다.

 그들이 하는 공통적인 주장은 자신들에 대한 성경의 예언이 비유라는 것입니다. 그러나 성경은 다시 오실 재림 예수님에 대해 이렇게 예언하고 있습니다.

> "이 말씀을 마치시고 그들이(제자들이) 보는데 올려져 가시니 구름이 그를 가리어 보이지 않게 하더라 올라가실 때에 제자들이 자세히 하늘을 쳐다보고 있는데 흰 옷 입은 두 사람이 그들 곁에 서서 이르되 '갈릴리 사람들아 어찌하여 서서 하늘을 쳐다보느냐? 너희 가운데서 하늘로 올려지신 이 예수는 하늘로 가심을 본 그대로

오시리라' 하였느니라"(사도행전 1장 9-11절).

처음 오셨던 예수님에 대한 예언이 비유가 아니었듯이 다시 오실 예수님에 대한 예언도 비유가 아닙니다.

그들은 베들레헴에서 처녀의 몸에 잉태되었던 그 예수님이 아니며, 인류의 구속을 위해 십자가에서 돌아가신 그 예수님이 아니며, 제자들 앞에서 하늘로 올려져 가신 그 예수님이 아니며, 하늘로 올라가신 그대로 다시 오시는 그 예수님이 아닙니다.

그들은 예수님의 이름으로 와서 미혹하는 사기꾼들(마가복음 13장 5-6절)입니다. 그들은 적그리스도들과 거짓 선지자들입니다(마가복음 13장 22절; 마태복음 24장 11절).

예수님의 이름으로 오는 그들에게 속아서 따라가지 말라고 당부하신 예수님의 말씀을 기억해야 합니다(누가복음 21장 8절). 거짓 그리스도들을 믿지 않아야 합니다(마태복음 24장 23, 26절).

그들은 예언된 성경 말씀대로 오실 예수님이 아니라, 성경 말씀대로 온 거짓 그리스도들과 거짓 선지자들입니다.

24. 하나님의 시간표에 따른 종말

에스겔서 37장 12절 말씀입니다.

"그러므로 너는 대언하여 그들에게 이르기를 주 여호와께서 이같이 말씀하시기를 내 백성들아 내가 너희 무덤을 열고 너희로 거기에서 나오게 하고 이스라엘 땅으로 들어가게 하리라."

에스겔의 회개와 심판을 선포하는 사역이 에스겔서 1장에서 24장까지 이어집니다.

그의 사역은 B.C.(Before Christ: 그리스도 오시기 전) 592년부터 22년 동안 계속되었으며 급기야 B.C. 586년엔 예루살렘이 함락되면서 이스라엘이 완전히 멸망했습니다.

앗시리아에 의한 북이스라엘 왕국의 몰락은 B.C. 722-720년경이니 무엇을 기준으로 해도 결국 망한 것입니다.

이스라엘 땅으로 들어가게 해주시겠다는, 이스라엘 민족의 해방에 대한 하나님의 약속이 곧 이루어질 것으로 기대했던 사람들이 많았을 것입니다. 그러나 그 회복은 2,600여 년 이상이 흐른 후 1948년 5월 14일에 이루어졌습니다. 정말 긴 시간이고, 소망이 다 사라질 만한 기간입니다.

마태복음 24장에는 예수님께서 말씀해주시는 종말의 때, 다니엘의 마지막 이레가 이루어지는 때가 확실하게 언급되어 있습니다.

> "이 천국 복음(왕국 복음, this gospel of the kingdom)이 모든 민족에게 증언되기 위하여 온 세상에 전파되리니 그제야 끝이 오리라 그러므로 너희가 선지자 다니엘이 말한 바 멸망의 가증한 것이 거룩한 곳(the holy

place)에 선 것을 보거든(읽는 자는 깨달을진저)"(마태복음 24장 14-15절).

마태복음 24장에서 예수님이 말씀하신 그 가증한 것(적그리스도)이 서게 될 예루살렘 성전은 아직 재건되지 않았으니, 재림주가 심판해야 할 가증한 것(적그리스도)보다 먼저 왔다면 성경 말씀에 적합하지 않은 것이므로 그들은 물론 다 사기꾼들입니다. 저주받아 마지막 날 마귀와 함께 지옥불로 던져질, 적그리스도의 짝퉁들에 지나지 않습니다.

진짜 적그리스도가 오면, 인류 역사상 최고의 사기꾼인 사탄의 이적과 능력을 보임으로써 예수님이 흘리신 죄 용서의 피를 믿지 않는 구원받지 못한 사람들을 미혹할 것입니다. 그리스도를 가장하여 나타난다는 것입니다.

지금 우리 주위에 있는 자칭 '보혜사, 직통 계시자, 성경 66권을 통달한 자, 예수의 영이 임한 자, 혹은 이긴 자' 등의 이름으로 속이는 자들과는 비교도 안 된다는 것입니다.

그 적그리스도가 서게 될 거룩한 곳(예루살렘 성전)이

곧 재건될 일이 확실한 것 같습니다. 다만 그 위치가 모슬렘 황금사원이 서 있는 'Dome of Rock'이나 그 북쪽이라고 믿는 이스라엘 사람들이 그곳을 재건 장소로 잡고 있어서 이슬람 세력과의 엄청난 격돌이 예상되고 있습니다.

적그리스도가 나타나는 때를 막고 계신 분이 있습니다.

> **"불법의 비밀이 이미 활동하였으나 지금은 그것을 막는 자가 있어 그중에서 옮겨질 때까지 하리라"**(데살로니가 후서 2장 7절).

사랑하는 사람이 불신자일 때 전도의 기회, 구원의 기회가 남아 있음에 감사할 뿐입니다.

성전 조감도와 초석은 물론, 순금 촛대 등 필요한 모든 것을 준비해놓았다고 하니, 예수 그리스도의 피로 구원받고도 전도의 뜨거움이 없는 저 같은 분이 계시다면 같이 반성할 일입니다.

구원의 복음이 전파되지 못하니, 짝퉁 적그리스도들

의 뱀 같은 세력들이 거짓말을 속삭입니다. 뱀 같은 그들의 혀가, 구원의 확신이 없는 형제와 자매들을 지옥 길로 끌고 가며, 그들은 그곳이 천국 길이라고 믿고 들어가게 되지요! 흔히 말하는 요한계시록의 14만 4천의 무리에 들어가는 길로 미혹을 받고요.

2018년에 미국의 트럼프 정부는 예루살렘을 이스라엘의 수도라고 발표했습니다. 가증한 것이 서게 될 성전의 장소인 예루살렘에 대한 발표는 시대를 읽는 징표가 될 것입니다.

25. 저주 받는 핑계, 구원 얻는 자백

게으른 사람들은 핑계를 댑니다.

잠언 26장 13절을 보면 게으른 사람들은 "길에 사자가 있다. 거리에 사자가 있다"라고 한답니다. 또 잠언 22장 13절에 게으른 사람들은 "바깥에 사자가 있다. 거리에 나가면 찢겨 죽는다"라고 하며 자신의 게으름 속에서 벗어나지 않는다는 것입니다.

누가복음을 보면 예수님께서 죄를 용서해주시는 복음으로의 초대에 거절하는 이들을 비유하여 말씀하십니다.

"다 일치하게 사양하여 한 사람은 이르되 '나는 밭을 샀으매 아무래도 나가 보아야 하겠으니 청컨대 나를 양해하도록 하라' 하고 또 한 사람은 이르되 '나는 소 다섯 겨리를 샀으매 시험하러 가니 청컨대 나를 양해하도록 하라' 하고 또 한 사람은 이르되 '나는 장가들었으니 그러므로 가지 못하겠노라' 하는지라"(누가복음 14장 18-20절).

그들의 말도 안 되는 핑계의 결과는 초대하는 분의 저주입니다.

"내가 너희에게 말하노니 전에 청하였던 그 사람들은 하나도 내 잔치를 맛보지 못하리라"(누가복음 14장 24절).

핑계 대는 기원으로 따지면 그 원조는 단연 아담과 하와일 것입니다.
창세기 3장 11-13절 말씀입니다.

"…내가 네게 먹지 말라고 명한 그 나무 열매를 네가 먹었느냐?' 아담이 이르되 '하나님이 주셔서 나와 함께 있게 하신 여자 그가 그 나무 열매를 내게 주므로 내가 먹었나이다.' 여호와 하나님이 여자에게 이르시되 '네가 어찌하여 이렇게 하였느냐?' 여자가 이르되 '뱀이 나를 꾀므로 내가 먹었나이다.'"

그 핑계의 결과는 14절 이하의 무서운 저주였습니다.

사무엘상 15장 19절에서 우리는 이스라엘의 초대 왕인 사울이 "아말렉의 모든 것을 진멸하라!"는 말씀에 불순종한 것에 대해 왜 순종하지 않는지 묻는 하나님의 책망을 들을 수 있습니다. 이에 대해 사울은 "다만 백성이 그 마땅히 멸할 것 중에서 가장 좋은 것으로 길갈에서 당신의 하나님 여호와께 제사하려고 양과 소를 끌어 왔나이다"(사무엘상 15장 21절) 하면서 핑계를 댑니다.

그 핑계의 결과는 왕권과 모든 것을 잃는 저주였습니다.

사무엘하 12장에도 선지자 나단을 통해 하나님께 책망 받는 왕이 있었습니다. 그는 도덕적으로 너무 지저분한 다윗이었습니다. 다윗은 자신을 왕으로 만들고 자신의 왕위를 지켜주기 위해 목숨을 바친 '우리아'라는 장군을 죽이고 그의 아내를 빼앗았습니다.

다윗은 나단 선지자를 통해 자신을 책망하시는 하나님의 말씀을 들었습니다. 그때 다윗의 반응이 놀랍습니다. 13절을 보면 "다윗이 나단에게 이르되 '내가 여호와께 죄를 범하였노라'"고 기록되어 있습니다. 다윗은 자신의 죄를 인정해 버립니다. 그가 죄를 자백하자마자 요한일서 1장 9절의 약속처럼 하나님의 용서를 받습니다.

그 회개와 자백의 결과는 하나님의 용서였습니다.

26. 열정은 성령의 열매

'enthusiasm'이란 단어는 우리말로 '열정'입니다.
'en'은 '안쪽'(in)의 의미요, 'thus'는 'theos' 즉 'God'(하나님)을 의미합니다.

1650년 청교도(Puritans)들의 열정을 목격한 사람들에 의해 만들어진 그리스어 어근의 이 단어는 1716년 이후 널리 쓰이게 되었습니다. 하나님께서 내 안에 계시다면 나는 열정이라는 결과적인 모습을 보여준다는 것이지요.

교회에서의 우리의 직책이나 신분은 우리의 구원을 보장할 수 없습니다!

사람들이 보기에 감동적인 열정이 있다고 해도 그 열정이 구원을 이루는 것도 아닙니다.

또한 그 열정이 꼭 하나님께로부터 와서 하나님께 영광을 돌리는지, 사탄으로부터 나온 거짓 재림 예수나 거짓 그리스도들에 대한 열정인지도 돌아보아야 할 것입니다.

그러나 열정은 구원받은 우리 자신을 돌아보게 하는 단어입니다.

"못된 열매 맺는 좋은 나무가 없고 또 좋은 열매 맺는 못된 나무가 없느니라 나무는 각각 그 열매로 아나니 가시나무에서 무화과를, 또는 찔레에서 포도를 따지 못하느니라 선한 사람은 마음에 쌓은 선에서 선을 내고 악한 자는 그 쌓은 악에서 악을 내나니 이는 마음에 가득한 것을 입으로 말함이라 너희는 나를 불러 '주여, 주여!' 하면서도 어찌하여 내가 말하는 것을 행하지 아니하느냐?"(누가복음 6장 43-46절).

"부지런하여 게으르지 말고 열심을 품고 주를 섬기라"(로마서 12장 11절).

"너희는 세상의 소금이니 소금이 만일 그 맛을 잃으면 무엇으로 짜게 하리요 후에는 아무 쓸 데 없어 다만 밖에 버려져 사람에게 밟힐 뿐이니라"(마태복음 5장 13절).

주님께서는 우리가 열정으로 세상의 소금이 될 것을 바라십니다.

27. 광야의 외침

 예수님께서 모든 인류의 죄를 죽음으로 대신 갚아주시기 위해 이 땅에 오신 지 약 2,020여 년이 되었습니다.
 십자가에 달려 돌아가신 예수님이 천국으로 가는 유일한 길이요, 진리이며 영생(요한복음 14장 6절)임을 증거하던 사람들이 있었습니다.
 부패하고 왜곡된 행위 구원의 거짓 기독교에 대항하여, 목숨을 걸고 예수님이 유일한 그리스도이심을 외쳤던 1535년의 프랑스인 존 칼빈(Jean Calvin)의 울부짖음이 있었습니다.

행위로 인한 것이 아닌, 예수님을 통한 100%의 믿음만이 천국 문을 열어준다는 '그리스도인의 자유'를 외치던 독일인 마틴 루터(Martin Luther)의 울부짖음이 절절했던 1520년이 있었습니다.

빛과 소금이 되었던 성도들의 종교개혁(Reformation)이 있었습니다!

그러나 오늘날은, 천국으로 가는 길과 진리이시고, 천국 그 자체이신 예수님이 주일 강단의 설교에서조차 조연이 되었습니다. 지나가는 행인 역할처럼 비중 없는 엑스트라로 전락해 버렸습니다.

하루 스물네 시간, 일 년 삼백육십오 일을 뼈저리게 느낍니다.

이름만 하나님의 종인 사람들과, 장로이며 권사인, 혹은 집사인 수많은 사람들에게 길리기아 다소에서 태어났던 바울의 그 지식이 필요합니다.

예수님의 수제자 베드로의 물불을 가리지 않던 그 열정이 필요합니다.

바울을 보조하던 안디옥 출신의 사도행전을 기록한 의사 누가의 그 섬김이 필요합니다.

그러나 우리에게는 무엇보다 그 소리, "주의 길을 곧게 하라"고 이 21세기 광야에서 외치는 자의 소리(요한복음 1장 23절)가 가장 필요한 때입니다.

예수님이 그리스도(구원자)이시기에, 그 예수님께서 우리의 과거와 현재, 그리고 미래의 모든 죄의 삯을 갚아 주셨으므로, 이것만 믿으면 천국에 간다는 복음의 외침이 필요합니다.

이웃을 돕고, 병든 자를 돕고, 교회에 다니며 헌금을 내고 봉사하는 것이 천국 가는 길이 아님을 증거할 외침이 필요합니다.

예수님에 대한 오직 믿음(Sola fide)만이 천국 가는 완전한 길임을 외치는 부르짖음이 우리에게 필요합니다.

28. 하나님께서 주시는 복을
스스로 포기하는 그리스도의 제자

"누구든지 자기 십자가를 지고 나를 따르지 않는 자도
능히 내 제자가 되지 못하리라"(누가복음 14장 27절).

십자가 위에서 죽으심으로, 우리의 죗값을 대신하여 죽으심으로, 우리의 과거와 현재의 죄는 물론 죽을 때까지 짓게 될 모든 죄의 대가를 지불하신 구세주 예수 그리스도를 믿는 사람은 하나님이신 성령님을 마음속에 모신 그리스도인입니다.

하나님께서 예수님의 구원 사역을 믿는 믿음만으로

거룩하다고 인정해주시는 사람들은 성도 곧 기독교인입니다. 신앙이 자라면, 천국에 이르는 구원에서 멈추지 않고 예수님의 가르침을 배워 행하는 제자가 되기를 힘쓸 것입니다.

> "인자가 온 것은 섬김을 받으려 함이 아니라 도리어 섬기려 하고 자기 목숨을 많은 사람의 대속물로 주려 함이니라"(마태복음 20장 28절).

하나님이 주시는 지혜와 지식, 건강과 재물과 대인관계에 이르기까지, 가진 모든 것을 예수 그리스도의 복음을 전하는 데 온전히 사용하려고 할 것입니다. 이웃을 섬기는 데 최선을 다하는 것은, 그 이웃이 예수님을 그리스도로 믿고 천국 백성이 되고 같은 제자가 되기를 간절히 소원하기 때문입니다.

> "어머니의 태로부터 된 고자도 있고 사람이 만든 고자도 있고 천국을 위하여 스스로 된 고자도 있도다 이 말을 받을 만한 자는 받을지어다"(마태복음 19장 12절).

> "우리가 먹고 마실 권리가 없겠느냐? 우리가 다른 사도

들과 주의 형제들과 게바와 같이 믿음의 자매 된 아내를 데리고 다닐 권리가 없겠느냐? 어찌 나와 바나바만 일하지 아니할 권리가 없겠느냐?"(고린도전서 9장 4-6절).

자기에게 주어진 것들을 천국의 상급을 위해 즐기지 않고 희생하며 사는 사람이 그리스도의 바른 제자의 모습입니다. 바른 제자는 천국에서 받을 상급을 위해, 이 세상에서 주님께서 주시는 복들을 지혜롭게 나누는 헌신의 삶을 살게 됩니다.

"이 닦아 둔 것 외에 능히 다른 터를 닦아 둘 자가 없으니 이 터는 곧 예수 그리스도라 만일 누구든지 금이나 은이나 보석이나 나무나 풀이나 짚으로 이 터 위에 세우면 각 사람의 공적이 나타날 터인데 그날이 공적을 밝히리니 이는 불로 나타내고 그 불이 각 사람의 공적이 어떠한 것을 시험할 것임이라 만일 누구든지 그 위에 세운 공적이 그대로 있으면 상을 받고 누구든지 그 공적이 불타면 해를 받으리니 그러나 자신은 구원을 받되 불 가운데서 받은 것 같으리라"(고린도전서 3장 11-15절).

29. 기독교인을 속이는 정교분리

"너희는 세상의 소금이니 소금이 만일 그 맛을 잃으면 무엇으로 짜게 하리요 후에는 아무 쓸 데 없어 다만 밖에 버려져 사람에게 밟힐 뿐이니라!"(마태복음 5장 13절).

기독교인은 세상을 경영하는 정치의 중심에서 하나님의 나라를 밝히는 빛이어야 합니다.

미국의 3대 대통령 토마스 제퍼슨은 하나님을 섬기는 믿음을 가진 대통령이었습니다. 토마스 제퍼슨이 교회를 보호하기 위하여 처음으로 정교분리의 원칙을 만들었습니다.

① 세상 정부는 교회를 탄압하는 법을 제정할 수 없다.
② 세상 정부는 교회에 세금을 징수할 수 없다.
③ 세상 대통령은 교회의 수장이 될 수 없다.

그런데 오늘날 많은 기독교인들은 정교분리의 원칙을 어떻게 잘못 이해하고 속고 있습니까?

일제 식민지 시절, 기독교 선교사들과 그들이 세운 학교들을 중심으로 애국운동, 독립운동이 이루어졌습니다. 3.1 만세운동 등 애국운동과 독립운동에 참여한 이들 가운데 70-80%는 당시 인구의 4%에 불과하던 기독교인들이었습니다.

이에 일제와 일제의 앞잡이로 하나님을 배도한 목사들은 거짓되고 왜곡된 정교분리를 주장했습니다. "국가가 교회에 간섭할 수 없다"는 원래의 개념을 "교회가 국가에 간섭할 수 없다"로 바꾼 것입니다.

지금도 하나님을 대적하는 친공산주의, 친동성애, 친이슬람의 사악한 정부를 대변하는 가롯 유다 같은 목사들은 똑같은 거짓말을 합니다.

"기독교인들이 정치에 나서면 안 된다"는 말이 거짓말이라는 사실은 성경책을 펼치는 순간부터 덮는 순간까지 끝없이 드러납니다.

선지자 다니엘의 직업도, 이집트의 총리였던 요셉의 직업도 정치인입니다.

모세가 이집트의 왕과 대적하여 맞선 일은 정치가의 일 아닙니까?

다윗과 솔로몬은 정치하는 왕이었습니다.

사사기의 사사(재판관)들은 군사와 행정을 이끄는 정치인들이었습니다.

하나님의 말씀을 대언하며 왕에게 직접 경고한 미가야 같은 선지자들은 끝없이 정치인들에게 영향을 준 사람들이었습니다.

다시 오실 예수님께서도 이 세상을 다스리실 왕 중의 왕으로 오실 것입니다.

사악한 마귀가 그의 종 된 자들을 통해 그리스도인이 세상의 빛이 되지 못하도록 거짓을 속삭일 것입니다. "기독교인은 정치에 참여하면 안 된다!"는 거짓말에 속아 세상의 빛이 되지 못하고 어둠에 묻히는 일이 없어야 할 것입니다.

30. 길이 하나라면 고민하지 않습니다

하나님의 교훈만 삶의 기준이라면 선택을 망설일 필요가 없습니다. 공산주의 이념이나 공산주의자들에게 빠져, 이를 하나님과 함께 선택의 자리에 놓는 거짓 목사와 신앙인들이 많은 세상입니다.

> "믿는 사람이 다 함께 있어 모든 물건을 서로 통용하고 또 재산과 소유를 팔아 각 사람의 필요를 따라 나눠 주며 날마다 마음을 같이하여 성전에 모이기를 힘쓰고 집에서 떡을 떼며 기쁨과 순전한 마음으로 음식을

먹고 하나님을 찬미하며 또 온 백성에게 칭송을 받으니 주께서 구원받는 사람을 날마다 더하게 하시니라"(사도행전 2장 44-47절).

예수님께서 곧 성전에 재림하신다고 잘못 알고 있던 제자들은 성전을 떠나지 못하고 있었습니다. 유대인 그리스도인들은 잘못된 판단으로 경제생활을 하지 않으니 생활비가 부족했습니다. 부족한 물질을 서로의 필요를 따라 나누어주는 생활을 담은 이 구절은 공산주의자들이 악용하여 미혹하는 데 사용되고 있습니다.

공산주의가 말하는 것은 부동산의 공유화입니다. 가진 자들의 모든 재산을 빼앗아, 모두에게 똑같이 배급하는 공산주의가 이 성경을 근거로 나왔다는 것은 거짓말입니다. 이 초대교회는 공산주의자들처럼 강제로 빼앗는 것이 아닙니다. 자신의 재산을 자유의사에 의해 베풀고 나누는 긍정적인 자유 경제체제였습니다.

또한 이 초대교회의 공동체는 하나님을 경외하고 인정하며, 예수님을 구원자로 믿는 기독교 공동체였습니다. 공산주의는 신, 또는 하나님을 인정하지 않습니다. 기독교는 공산주의의 가장 큰 적입니다.

공산주의의 완성을 위해서는 기독교를 없애는 단계가

필수입니다. 공산주의는 개인의 자유를 인정하지 않습니다. 공산주의에서 개인은 전체를 위한 도구일 뿐입니다.

> "진리를 알지니 진리가 너희를 자유롭게 하리라"(요한복음 8:32).

하나님께서는 인간이 하나님에 대한 믿음까지도 선택할 자유를 주실 만큼 자유를 소중하게 여기십니다.

기독교인은 예수 그리스도께서 십자가에 죽으심으로 우리의 과거, 현재, 미래의 모든 죄를 씻으셨음을 믿을 때, 그 믿음으로만 천국 백성이 되는 신앙인입니다.

행위가 아닌 오직 믿음으로만 죄를 용서받고 구원받아 천국에 가는, 곧 'sola fide', '오직 믿음'의 신앙조차도 선택할 수 있는 자유가 피조물인 인간에게 주어져 있습니다. 공산주의는 하나님을 거부하는 사상입니다.

공산주의는 예수님을 그리스도로 믿는 신앙을 금지하는 사상입니다.

2020년 대한민국에 수많은 공산주의 사상을 가진 정치인들이 북한과의 연방제 통일을 주장합니다. 이는 자유민주주의 통일이 아닙니다. 토지를 국가가 소유해야 한다는 공산주의 체제를 주장합니다.

그리스도는 죄의 종 된 우리에게 자유를 주시는 하나님의 은혜입니다.

"영접하는 자 곧 그 이름을 믿는 자들에게는 하나님의 자녀가 되는 권세를 주셨으니"(요한복음 1장 12절).

"진리가 너희를 자유롭게 하리라"(요한복음 8장 32절).

당신은 그리스도인입니까?

"그리스도와 벨리알이 어찌 조화되며 믿는 자와 믿지 않는 자가 어찌 상관하며"(고린도후서 6장 15절).

"…너희가 섬길 자를 오늘 택하라 오직 나와 내 집은 여호와를 섬기겠노라 하니"(여호수아 24장 15절).

"너희는 이 세대를 본받지 말고 오직 마음을 새롭게 함으로 변화를 받아 하나님의 선하시고 기뻐하시고 온전하신 뜻이 무엇인지 분별하도록 하라"(로마서 12장 2절).

공산주의 사상을 가진 가룟 유다 같은 사람들이 유명

한 목사와 신학교의 교수가 되어 세상을 미혹합니다. 기독교와 공산주의를 분별하지 못하게 하는 속임수에 속는 일이 없이 깨어 있어야 할 것입니다.

  길이 하나라면 고민하지 않습니다.

천국은 공짜다

1판 1쇄 인쇄 _ 2020년 4월 10일
1판 1쇄 발행 _ 2020년 4월 15일

지은이 _ 김용연
펴낸이 _ 이형규
펴낸곳 _ 쿰란출판사

주소 _ 서울특별시 종로구 이화장길 6
편집부 _ 745-1007, 745-1301~2, 747-1212, 743-1300
영업부 _ 747-1004, FAX 745-8490
본사평생전화번호 _ 0502-756-1004
홈페이지 _ http://www.qumran.co.kr
E-mail _ qrbooks@gmail.com / qrbooks@daum.net
한글인터넷주소 _ 쿰란, 쿰란출판사
페이스북 _ www.facebook.com/qumranpeople
인스타그램 _ www.instagram.com/qrbooks
등록 _ 제1-670호(1988.2.27)
책임교열 _ 오완·최가영

© 김용연 2020 ISBN 979-11-6143-364-6 03230

책값은 뒤표지에 있습니다.
이 출판물은 저작권법에 의해 보호를 받는 저작물이므로 무단 복제할 수 없습니다.
파본(破本)은 구입처에서 교환해 드립니다.